Geschworenenprozesse

Glanz und Elend einer Institution

von

Katharina Rueprecht

und

Astrid Wagner

Edition **Blickpunkte**
Wien 2020

Die erste Auflage erschien 2008 im NWV - Neuer wissenschaftlicher Verlag.
Die nunmehr vorliegende Fassung wurde aktualisiert und so umgeschrieben, dass der Inhalt auch für juristisch nicht vorgebildete Personen gut verständlich ist.

Edition **Blick**punkte
Marokkanergasse 25/10, A-1030 Wien
Tel: +43 1 78 42 45
E-Mail: office@blickpunkte.co
www.blickpunkte.co/edition-blickpunkte/

© Edition **Blick**punkte, Wien 2020
ISBN: 979-8-6698-2500-3
Gestaltung & Koordination: Markus Drechsler
Satz: Yarden Daher

Vorwort

Das österreichische Geschworenengericht hat vor allem in Zusammenhang mit einigen Aufsehen erregenden „Fehlurteilen", auf die wir in dieser Publikation zum Teil auch näher eingehen, für öffentlichen Diskussionsstoff gesorgt. Insbesondere der Umstand, dass die Geschworenen ihre Urteile nicht begründen müssen und dass diese somit nicht vor einem höheren Gericht bekämpft werden können, ist immer mehr Gegenstand der Kritik.

Von den einen wird die Abschaffung des Geschworenenprozesses gefordert, von anderen die Beibehaltung. Zu teuer, zu umständlich, zu fehleranfällig sagen die einen, mit „demokratiepolitischen" Erwägungen argumentieren die anderen, wobei diese Diskussion weitgehend parteipolitisch determiniert ist.

Unsere Absicht ist es, mit diesem Buch zu einer Entideologisierung und Versachlichung der Diskussion beizutragen und mit der Darstellung von Geschworenensystemen anderer Staaten Anregungen für Reformbestrebungen zu bieten.

Ein besonderes Anliegen war uns, anhand realer Fälle eine so lebensnahe Darstellung von Geschworenenprozessen zu liefern, dass sie auch für juristisch nicht Vorgebildete gut und spannend zu lesen ist.

Astrid Wagner   Katharina Rueprecht

Inhaltverzeichnis

Astrid Wagner

Wenn das Volk spricht.
Facetten der Geschworenengerichtsbarkeit.

Entflammter Volkszorn: Der Justizpalast brennt!

Am 15. Juli 1927 wurden drei Männer der „Frontkämpfervereinigung", die am 30. Jänner in Schattendorf im Burgenland
einen Invaliden und ein am Straßenrand stehendes Kind erschossen hatten, von einem österreichischen Geschworenengericht freigesprochen. Zu dem Vorfall war es gekommen,
als es nach Aufmärschen von „Frontkämpfervereinigung"
und „republikanischem Schutzbund" zu Zusammenstößen
gekommen war, die „Frontkämpfer" sich in ihr Vereinslokal
zurückgezogen hatten, von vorbeimarschierenden „Schutz-
bündlern" bedroht wurden (oder sich bedroht fühlten) und
daraufhin drei der „Frontkämpfer" aus dem Vereinslokal in
die Menge schossen.

Die Freisprüche erfolgten vermutlich einerseits, weil
die Geschworenen sich in dem Gestrüpp der Fragen
und insbesondere mit dem Fragenkomplex Notwehr,
Putativnotwehr und Notwehrüberschreitung nicht zurecht-
fanden, andererseits weil der Staatsanwalt in seinem Plädoyer
die Weichen für den Freispruch gestellt hatte, indem er
ausführte, dass „die moralische Schuld auf Seiten jener
läge, die damals den sozialdemokratischen Gegenaufmarsch
organisiert haben." Die Angeklagten hätten ihre Tat
„allerdings nicht in Verteidigung begangen", sondern nur, „weil

sie einen Angriff vermuteten", „das aber ist die Grundlage einer strafbaren Handlung". Wenn auch diese ziemlich gewundenen Ausführungen des Staatsanwaltes ihren Teil zur Verwirrung der Geschworenen beigetragen haben dürften, so wird ein weiterer Grund für den unerwarteten Freispruch wohl auch in dem damaligen von Verhetzung, Polemik und Angst geprägten politischen Klima gelegen sein. Das Urteil wurde von einer vor dem Landesgerichtsgebäude versammelten Menge mit lebhaften Heilrufen aufgenommen. Wenige Stunden später brannte der Justizpalast. Es gab 89 Tote und hunderte Verletzte. Es kam zu den bis dahin schwersten Unruhen der ersten Republik und einer politischen Radikalisierung, die scheinbar unaufhaltsam zu den Februarkämpfen 1934 führte. Mit dem politischen Umsturz und der Einführung des Ständestaates wurde der Geschworenenprozess 1934 abgeschafft.

Er sollte erst viele Jahre später, nämlich im Jahr 1950 wieder eingeführt werden – diesmal als Symbol der Überwindung der nationalsozialistischen Diktatur und trotz vehementer Gegenstimmen aufseiten der Rechtsgelehrten, aber auch der Praktiker. Seitdem gab es und gibt es immer wieder Bestrebungen zur Abschaffung der Geschworenengerichte in Österreich. Christian Broda, sozialdemokratischer Justizminister von 1960 bis 1966 und 1970 bis 1983 und großer österreichischer Strafrechtsreformer, ist diesen Bestrebungen stets mit Entschiedenheit entgegengetreten. Der Geschworenenprozess wurde in Österreich damit zu einer Art Broda-Denkmal. Das Geschworenengericht wird als Ausdruck der Mitwirkung des Volkes an der Rechtsprechung gesehen. Es ist und bleibt daher ein „heißes Eisen" in der Politik. Interessanterweise finden sich die politischen

Befürworter der Geschworenengerichtsbarkeit trotz der traumatischen Erfahrung des Schattendorf-Prozesses vor allem im sozialdemokratischen Lager.

„The lamp that shows that freedom lives": Die Ursprünge des Geschworenengerichts

Die Wurzeln des Geschworenengerichts – englisch: „Jury" – lassen sich wohl rund tausend Jahre zurückverfolgen. Zur Zeit der Wikinger versammelten sich die „freien Männer" im so genannten „Thing". In diesem, an religiösen Kultplätzen abgehaltenen Forum, wurden nicht nur politische Entscheidungen getroffen, sondern diente es auch als „Gericht". Die Teilnehmer bekundeten ihre Zustimmung, indem sie mit ihren Waffenschildern aneinander schlugen – eine erste, primitive Form der Gerichtsbarkeit. Solche frühen Formen der Laiengerichtsbarkeit als Instrumentarien zur Streitschlichtung und zur Wahrung bzw. Wiederherstellung des sozialen Friedens fanden sich als „scabini" oder „rachimburgen" im gesamten germanischen Siedlungsraum.

Vermutlich im Anschluss an die Eroberung im Jahr 1066 wurde die Institution „Jury" von den Normannen nach England importiert. Aus dieser Zeit rührt wahrscheinlich auch der Ausdruck „Juror" bzw. „Geschworener" her: Die Mitglieder der Jury waren unter Eid zur Wahrheitsfindung verpflichtet. Um das Jahr 1367 wurde überdies das Erfordernis der Einstimmigkeit des Urteiles eingeführt. Waren zunächst Vorkenntnisse über einen Fall Voraussetzung, um überhaupt in eine solche Jury berufen zu werden, wurde dieses Prinzip später umgekehrt: Die Juroren sollten eben keine Vorkenntnisse über einen Fall oder die daran Beteiligten haben, um so ihre Unbeeinflussbarkeit zu gewährleisten. Die „Magna Charta"(1215) sah erstmals ein ausdrückliches Recht des Angeklagten vor, von Seinesgleichen gerichtet zu werden: „No free man shall be taken or imprisoned or disseised or outlawed or exiled or in any way ruined, nor will we go or send against him, except by the lawful judgement of his peers or by the law of the land."

Vor allem aber mit der im selben Jahr erfolgten Abschaffung des „Gottesurteils" durch Papst Innozenz III setzte sich die Institution Jury im englischen Strafprozess durch.

Das Recht der Juroren, möglichst unbeeinflusst und nur ihrem Gewissen folgend zu entscheiden, konnte sich allerdings erst relativ spät, nämlich gegen Ende des 17. Jahrhunderts Geltung verschaffen. Davor waren die Juroren oft massiver Einflussnahme ausgesetzt. So wurden die Juroren mitunter solange ohne Nahrung in einen kalten Keller gesperrt, bis sie bereit waren, einen Schuldspruch zu fällen. Es kam sogar vor, dass die Verweigerung eines Schuldspruches durch die Juroren mit der Beschlagnahme ihrer Ländereien oder Besitztümer geahndet wurde. Der Fall „Bushell" im Jahre 1670 brachte den Wendepunkt. Zwölf Juroren weigerten sich, die Quäker William Penn und William Mead zu verurteilen und wurden daher für zwei Nächte ohne Essen, Wasser, Feuer, Tabak und ohne Nachttopf (!) eingesperrt.

Als dies nicht fruchtete und sie immer noch nicht bereit waren, Schuldsprüche gegen die vermeintlichen Aufrührer zu fällen, wurden sie selbst zu Gefängnis- und Geldstrafen verurteilt. Bushell und drei andere weigerten sich zu bezahlen und forderten ein Haftprüfungsverfahren. Die Sache kam vor ein Rechtsmittelgericht. In einer bahnbrechenden Entscheidung wurde ausgesprochen, dass die Juroren allein ihrem Gewissen zu folgen hätten. Die vier aufmüpfigen Juroren wurden enthaftet und die Institution Jury nunmehr bejubelt als „the lamp that shows that freedom lives" und „the bulwark of liberty". Noch heute erinnert eine Wandtafel im altehrwürdigen Hauptkriminalgericht in London, dem „Old Bailey", an die denkwürdige Geschichte des Falles Bushell. Er markiert den Beginn der glorreichen Geschichte der englischen Jury.

Jury und Demokratie sind in der Tat stark verbunden: Es ist die Stimme des Volkes, die da Recht spricht – auch über den Willen der Obrigkeit hinweg. Damit einher geht auch ein Recht des Angeklagten: Jenes, von Seinesgleichen gerichtet zu werden ("jugded by his peers").

Das Recht der Juroren, allein ihrem Gewissen folgend über Schuld oder Unschuld zu entscheiden, sorgte im Laufe der Jahrhunderte für Kontroversen – bis heute. Die Jury erwies sich in England und später auch in Nordamerika als mächtiges Instrumentarium der Auflehnung gegen die Obrigkeit. In der englischen Justizgeschichte ließen sich seit dem Fall Bushell zahlreiche weitere Beispiele für aufmüpfige Jurys anführen, die trotz eindeutig erwiesener Schuld Freisprüche gefällt haben. So weigerten sich englische Juroren, die Autoren aufrührerischer Presseberichte gegen den verhassten König George III. schuldig zu sprechen.

Aber nicht nur in politischen Prozessen spielte die Aufmüpfigkeit der Juroren eine Rolle. Oft kam es deshalb zu Freisprüchen, weil die Strafdrohungen von den Juroren als unangemessen hart empfunden wurden. Viele Diebe verdankten gegen Ende des 18. und zu Beginn des 19. Jahrhunderts den Laienrichtern ihr Leben, weil diese den Wert des Diebesguts niedriger ansetzten, um damit den

Delinquenten die Todesstrafe durch Erhängen zu ersparen. In der Zeit der „Prohibition" in den USA verweigerten Juroren die Verurteilung von Angeklagten, die das Alkoholverbot übertreten hatten. Während des Vietnamkrieges sprachen systemkritische Juroren Wehrdienstverweigerer frei. Viele Frauen, die wegen der ehemals strafbaren Abtreibung angeklagt waren, wurden von Juroren trotz erwiesener Schuld freigesprochen. Beispiele aus jüngster Zeit sind Freisprüche wegen humaner Sterbehilfe, illegalen Besitzes „sanfter Drogen" oder Verstößne gegen das Waffengesetz (im Bewusstsein vieler US-Amerikaner ist der Besitz von Waffen als ein unantastbares „Recht des freien Bürgers" fest verankert).

Ein prominentes Beispiel ist der Freispruch des Beamten des britischen Verteidigungsministeriums Clive Ponting, der zweifellos rein politisch motiviert war: Ponting stand 1985 wegen der verbotenen Veröffentlichung geheimer Informationen über den Untergang des argentinischen Kriegsschiffes „General Belgrano" während des Falkland-Krieges vor Gericht. Er hatte Dokumente an ein Parlamentsmitglied weitergereicht, aus denen hervorging, dass die Minister dem Parlament gegenüber den wahren Sachverhalt verschleiert hatten. Ponting zeigte sich voll geständig. Er verantwortete sich damit, seinem Gewissen gefolgt zu sein, indem er diese Informationen über politische Missstände der Öffentlichkeit preisgegeben hatte.

Die moralische Verpflichtung, die Missstände aufzuzeigen, hätte für ihn mehr Gewicht gehabt, als die Befolgung eines Gesetzes zur Gemeinhaltung aus dem Jahre 1911 („Official Secrets Act"). Obwohl Ponting also bewusst ein Gesetz gebrochen hatte, wurde von einer ihm wohlgesonnenen Jury freigesprochen.

1991 wurden die Buchautoren Pottle und Randle freigesprochen, obwohl sie sich in ihrem Werk „How We Freed William Blake – And Why" zu ihrem Beitrag zum Gefängnisausbruch des Hochverräters Georg Blake und ihren Motiven bekannt hatten – Motiven, die den Geschworenen durchaus sympathisch erschienen.

1996 wurden die „Wednesbury Four" von einer Jury freigesprochen: Die vier Frauen, die aus Protest ob des Verkaufes an diktatorische Regime der dritten Welt einen britischen Militärjet beschädigt hatten, waren offenbar auf eine ihnen wohlgesonnene Jury getroffen.

Dieses Recht der Jury, sich über das Gesetz und über einen erwiesenen Sachverhalt hinwegzusetzen, wird als „jury nullification" bezeichnet. Die Jury sollte demnach den Willen des Volkes verkörpern – und dieses irrt nicht: „Le peuple ne se trompe pas", wie es der französische Strafrechtsprofessor Jean Pradel (ironisch) ausdrückt.

Kurze Begriffsdefinitionen

Für die Einbeziehung von Laien in die Strafrechtspflege kommen grundsätzlich drei Modelle in Betracht:
Beim klassischen Geschworenensystem beraten und entscheiden die Geschworenen alleine über die Schuldfrage, während die Strafe gemeinsam mit dem oder den BerufsrichterInnen (in Österreich ist es ein Drei-Richter-Senat mit einem Vorsitzenden) ausgemessen wird.

Dieses Modell ist das spektakuläre Zur-Schau-Stellen der Strafrechtspflege, es übt eine Faszination auf die Öffentlichkeit aus, die von den Medien ausgeschlachtet wird – auch international: man denke an die großen Prozesse der letzten Jahre in den Fällen O.J. Simpson, McVeigh (der Bombenleger von Denver) oder Louise Woodward (das englische Kindermädchen, das wegen Kindesmordes in den USA angeklagt war), die Brüder Maxwell und Rosmarie West in England oder Mikel Otegi in Spanien. Die Anzahl der Laienrichter variiert von Land zu Land: Während in Österreich acht Laienrichter vorgesehen sind, urteilen in Englang und den USA zwölf Laienrichter. Deren Urteil muss einstimmig ausfallen, während in Österreich für einen Schuldspruch bereits eine relative Mehrheit (also fünf zu drei Stimmen) ausreicht.

Das andere Modell ist das Schöffensystem. Hier beraten und entscheiden die Laien gemeinsam mit einem oder mehreren BerufsrichterInnen.

Ein drittes Modell ist die vollständige Besetzung des Gerichts mit Laien, die sowohl über Schuld wie auch über Strafe entscheiden. Diese Form der Laiengerichtsbarkeit findet sich vor allem in England, wo die unterste Instanz („magistrate courts") fast ausschließlich aus Laien besteht.

„Härteste Richterin Wiens urteilt"

So titelte die Tageszeitung „Österreich" in ihrer Ausgabe vom 7. März 2007 in großen Balkenlettern. Ich habe mehrere Leute, darunter auch Juristen, dazu befragt, ob ihnen bei dieser Schlagzeile etwas aufstößt. Erwartungsgemäß stießen sich viele an der sensationslüsternen Aufmachung, andere wiederum fanden es vollkommen richtig, dass der Ex-BAWAG-Generaldirektor, der für einen Schaden in Milliardenhöhe verantwortlich gemacht wird, die „härteste Richterin Wiens" bekommen soll.

Es hat mich betroffen gemacht, wie selbstverständlich es offenbar im allgemeinen Bewusstsein geworden ist, dass ein Strafrichter gegen den Angeklagten ist. Sollte ein Richter nicht unvoreingenommen nach der Wahrheit suchen, gleich einem unbefangenen Schiedsrichter?

Ich denke, eine Schlagzeile wie diese wäre im angloamerikanischen Rechtskreis wohl undenkbar. Dort sind es nämlich die Parteien, also Staatsanwaltschaft und Verteidigung, die die Dynamik des Prozesses bestimmen. Die Parteien sind es, die im Prozess die Beweise präsentieren und die Angeklagten und Zeugen einem oft harten Kreuzverhör unterziehen. Der Richter hingegen zieht sich auf die Rolle eines Schiedsrichters, eines „passive listener" zurück.

Im kontinentaleuropäischen Rechtsverständnis hingegen ist es der Richter, der „von Amts wegen" die Wahrheit zu erforschen hat, indem er selbst die Zeugen und den Angeklagten vernimmt und dem/der Sachverständigen die Fragen stellt. Der Fortgang des Prozesses liegt damit primär in der Hand des Richters. Staatsanwaltschaft und Verteidigung sind erst am Wort, wenn der vorsitzende Richter es ihnen erteilt. Dieser für den kontinentaleuropäischen Rechtskreis prägende Grundsatz wird als „Inquisitionsprinzip" bezeichnet; im Gegensatz dazu steht das „adversatorisch" geprägte Verfahren des angloamerikanischen Rechtskreises.

Nun ist es aber so, dass so mancher Richter ob dieser Verpflichtung zur „Erforschung der Wahrheit" Gefahr läuft, die volle Unbefangenheit zu verlieren. Als Strafverteidigerin erlebe ich leider immer wieder derartige Situationen im Strafprozess: Von Seiten der Staatsanwaltschaft ist nur ein so genannter Sitzungsvertreter erschienen, der die Anklage gar nicht selbst verfasst hat. Das ist auch gar nicht notwendig, denn es ist der Richter, der die Anklage „zum Erfolg führt". Dieser Zustand ist offenbar auch für die Allgemeinheit schon selbstverständlich geworden – siehe die oben zitierte Schlagzeile.

Nur zur Klarstellung: Die überwältigende Mehrheit der Richterinnen und Richter macht ihre Arbeit hervorragend, was sicherlich auch mit dem mittlerweile sehr anspruchsvollen Anforderungsprofil dieses Berufs und der Tatsache zu tun hat, dass vor Aufnahme in den Richterdienst heutzutage auch ein psychologischer Test zu absolvieren ist. Dennoch: Das Inquisitionsprinzip verlangt den RichterInnen sehr viel ab, wenn es sie einerseits verpflichtet, vollkommen objektiv zu bleiben, andererseits ihnen aber die Last der Wahrheitsfindung aufbürdet.

Was das mit dem Geschworenengericht zu tun hat? Nun, dieses „inquisitorische Anforderungsprofil" an die BerufsrichterInnen kann schon mal in Widerspruch geraten zur Wunschvorstellung des frei denkenden, unbeeinflussten Laienrichters. Das hatten die dem Gedanken der Aufklärung verpflichteten französischen Reformer offenbar nicht bedacht, als sie mit großem Enthusiasmus daran gingen, die englische Jury in Frankreich einzuführen. Im Gegensatz zum englischen Rechtssystem mit seinem traditionellen Misstrauen gegenüber der Obrigkeit galt in Frankreich seit jeher das obrigkeitsverbundene, inquisitorische Verfahren mit dem Grundsatz der amtswegigen Wahrheitsfindung. Die Reformer ließen sich davon nicht beeindrucken und mischten einfach die englischen Verfahrensprinzipien der Unmittelbarkeit und Mündlichkeit des Verfahrens mit dem inquisitorisch geprägten, französischen Strafprozessrecht. In dieser Form gelangte die Jury auch in viele andere europäische Länder. Mittlerweile ist die Geschworengerichtsbarkeit in den meisten kontinentaleuropäischen Strafrechtsordnungen jedoch wieder abgeschafft. Und zwar vor allem aus dem obgenannten Grund: Die wesentlichen Grundsätze des Geschworenengerichts sind mit den wesentlichen Grundsätzen des inquisitorischen Strafverfahrens nicht so einfach in Einklang zu bringen.

Es ist nur allzu nachvollziehbar: RichterInnen, die es gewöhnt sind, das „Heft in der Hand" zu haben, mögen es nicht, dass „ihre" Arbeit von einer „Gruppe von Amateuren", wie es der englische Strafrechtler Neil Vidmar provokant ausdrückt, zunichte gemacht wird!

„Betriebsblinde" Berufsrichter – überforderte Laien?

Jeder Strafverteidiger kennt diese Situation: Man trägt sein flammendes Schlussplädoyer vor. Der eher unbeeindruckte Richter widmet sich währenddessen seinen Akten und schreibt etwas auf – offenbar ist er gerade dabei, das Strafausmaß auszurechnen ...

Ganz anders ist die Situation, wenn Laienrichter im Saal sitzen. Man merkt es an den Blicken der Schöffen oder Geschworenen, wie sie den Ausführungen des Verteidigers und Staatsanwalts interessiert folgen und sich Gedanken machen. Für sie ist so ein Strafprozess nichts Alltägliches. Sie sind nicht „betriebsblind".

Im angloamerikanischen Rechtskreis wird die Jury traditionell als Gegengewicht zur „betriebsblinden Obrigkeit" angesehen. Man geht dort so weit, dass den Laienrichtern zugestanden wird, völlig frei nach ihrem Gewissen und sogar gegen das Gesetz zu entscheiden! Die so genannte „jury nullification", also das Recht der Geschworenen, auch gegen das Gesetz zu entscheiden, ist im angloamerikanischen Rechtssystem ein prägender Bestandteil der Institution der Jury. Und das hat, wie so oft, historische Gründe. Der Prozess gegen den amerikanischen Journalisten Peter Zenger im Jahre 1734 ist in die US-Rechtsgeschichte eingegangen. Die englische Kolonialmacht warf dem Journalisten vor, im „New York Weekly Journal" einen verleumderischen Artikel über den von den Kolonialbehörden eingesetzten Gouverneur veröffentlicht zu haben. Als Verteidiger fungierte der renommierte Rechtsanwalt Andrew Hamilton aus Philadelphia.

Es gelang ihm, die Jury mit einer flammenden Rede zu überzeugen: „It is not the cause of a poor printer, nor of New York alone, which you are now trying. No! It may in its consequences affect every free man that lives under a British government on the main of America. It is the best cause. It is the cause of liberty." Die Jury sprach Zenger frei. Der Freispruch verbreitete sich wie ein Lauffeuer in den US-Kolonien. Wie sich später herausstellte, waren einige Juroren niederländischer Herkunft gewesen, die eine anti-britische Einstellung hegten.

Für die Amerikaner wurde die Jury damit zum Symbol für ihr Streben nach einem freien und unabhängigen Rechtssystem. Kein Wunder, dass Thomas Jefferson in seiner „Declaration of Independence" erklärte, dass das von der Kolonialmacht vorenthaltene Recht auf eine unabhängige Jury einer der ausschlaggebenden Gründe für die Loslösung von Großbritannien gewesen war. Die Jury hat auch Eingang in die US-Verfassung gefunden. Artikel III der Verfassung der Vereinigten Staaten legt fest: „The trial of all crimes, except in the cases of Impeachment, shall be by Jury; and such trial shall be held in the State, where the said crimes shall have been committed".

Doch auch in späteren Zeiten, als sich die Vereinigten Staaten längst von England losgesagt hatten, machten die amerikanischen Geschworenen von ihren Möglichkeiten weiterhin Gebrauch. Sie fällten beispielsweise trotz eindeutig erwiesener Schuld Freisprüche, wenn dem Angeklagten die Todesstrafe drohte. Im Bundesstaat Utah weigerten sich Geschworene mormonischen Glaubens, Angeklagte wegen Bigamie oder Polygamie zu verurteilen. In den 60-er und 70-er Jahren wurden Wehrdienstverweigerer von Kriegsgegnern freigesprochen.

All dies ist in den kontinentaleuropäischen Strafrechtsordnungen schlichtweg undenkbar. Bei uns liegt die Betonung auf dem Legalitätsprinzip: Urteile müssen im Einklang mit den Gesetzen stehen. Bei der Geschworenengerichtsbarkeit soll dies durch die Rechtsbelehrung des Richters, der die strafrechtlichen Tatbestände in ihre einzelnen Tatbestandsmerkmale aufschlüsselt, und der Aufbereitung von Fragenlisten an die Juroren, die nur mit „Ja" oder „Nein" zu beantworten sind, gewährleistet werden.

Außerdem wird gegen die Geschworenengerichtsbarkeit immer wieder auch vorgebracht, dass die Geschworenen nicht fähig seien, frei von persönlichen und emotionellen Einflüssen zu einem sachlichen Urteil zu gelangen. Eben deshalb bedürften diese „Amateure" richterlicher Hilfestellung.

Dem halten die Befürworter der Laiengerichtsbarkeit entgegen, dass gerade diese Unbefangenheit der Laienrichter ein Korrektiv für die oftmals schon abgestumpften, „betriebsblinden" BerufsrichterInnen sein sollte. Eine Symbiose beider Ansätze sollte nun das Schöffengericht sein, das mittlerweile in vielen europäischen Ländern das Geschworenengericht ersetzt hat. Als Korrektiv der möglicherweise betriebsblinden Berufsrichterschaft, so wird argumentiert, sollte es nämlich genügen, wenn die Laien als Schöffen eingesetzt werden, um ihre unbefangene Sichtweise oder auch ihr Fachwissen einzubringen und gemeinsam mit den BerufsrichterInnen zu entscheiden. Besondere Bedeutung haben die Schöffen daher in der Jugendgerichtsbarkeit, wo sie aufgrund einschlägiger beruflicher Erfahrung spezielles pädagogisches Wissen einbringen sollen.

Carl Josef Anton Mittermaier (1787 – 1867), der als Begründer der modernen deutschen vergleichenden Strafrechtslehre gilt, war ein überzeugter Befürworter der Laiengerichtsbarkeit – und zwar ausschließlich in der Form des Geschworenengerichts. Nur das Geschworenengericht, so Mittermaier, könne den Grundsätzen der Mündlichkeit und Öffentlichkeit des Strafverfahrens gerecht werden. Mittermaier sprach sich daher mit Vehemenz gegen die andere Alternative der Laienbeteiligung, das Schöffengericht, aus: Die Berufsrichter würden die Laienrichter aufgrund ihrer fachlichen Überlegenheit beeinflussen, ja manipulieren. Von einer Gleichberechtigung von Berufs- und Laienrichtern könne daher keine Rede sein.

Nun, diese vor mehr als 200 Jahren geäußerte Kritik trifft auch heute noch zu, wie ich seinerzeit als junge Rechtspraktikantin am Straflandesgericht erfahren habe. Die Schöffen sind dem „Meinungsdruck" der Berufsrichter nicht gewachsen und entschieden fast immer so, wie es diese von ihnen erwarteten. Mittlerweile bin ich Strafverteidigerin und als solche nicht in der Lage, an den Beratungen zwischen Richtern und Schöffen teilzunehmen. Meine Erfahrungen als Rechtspraktikantin werden jedoch dadurch bestätigt, dass sich der vorsitzende Richter oder die Richterin mit dem Urteil der Schöffen fast immer vollkommen identifiziert bzw. diese offenbar zu dem vom Richter bzw. der Richterin „erwünschten" Ergebnis gekommen sind.

Interessanterweise hat es während der Verhandlung oft den Anschein, dass die Schöffen sich Gedanken machen, indem sie intelligente, kritische Fragen stellen und so Ungereimtheiten der Anklage auf die Spur zu kommen scheinen. Beim Schuldspruch ist dann von diesen Umgereimtheiten keine Rede mehr bzw. werden diese bagatellisiert. So begründete ein Wiener Strafrichter, warum die vielen Ungereimtheiten und Widersprüche in der Darstellung eines angeblichen Vergewaltigungsopfers für ihn keine seien: „Es entspricht der Lebenserfahrung, dass ein Vergewaltigungsopfer nicht in der Lage ist, den Ablauf der Tat zu rekapitulieren." Der Angeklagte: Ausländer, sozial unterprivilegiert, vorbestraft.

Was wäre im umgekehrten Fall gewesen: Das Opfer eine sozial unterprivilegierte, vorbestrafte Ausländerin; der Täter hingegen österreichischer Akademiker. Ich fürchte, da wären dem Vergewaltigungsopfer die vielen Widersprüche seiner Darstellung zum Verhängnis geworden und der Angeklagte wäre freigesprochen worden.

An den Berufsrichtern wird nicht nur kritisiert, dass sie mit der Zeit betriebsblind werden könnten. Die Richterschaft gehört einer gehobenen Mittelschicht an, die im Vergleich zu anderen Bevölkerungsgruppen in ökonomisch sehr gut abgesicherten Verhältnissen lebt. Zu Recht mag man sich daher fragen, ob das Berufsrichtertum solcherart nicht „eine Klasse für sich" darstellt, dem es mitunter am Verständnis für Probleme von Angehörigen anderer Bevölkerungsgruppen fehlen mag. Das gilt nicht nur für das Auftreten der Richter gegenüber unterprivilegierten Bevölkerungsschichten, den Zuwanderern oder den Asylwerbern, deren Delinquenz allzu oft aus einer Notlage resultiert. Bei Kridadelikten etwa ist der Übergang vom erlaubten Unternehmerrisiko zum strafrechtlichen Bereich mitunter ein fließender.

Die Gefahr der Betriebsblindheit ist aber nur die eine Seite der Medaille. Eine Strafrechtsordnung, die dem „natürlichen Rechtsempfinden" des Volkes mehr Bedeutung beimessen würde als der Professionalität des Berufsrichters, hätte hierzulande in der Tat unerträgliche Auswirkungen. Allein der Umstand nämlich, dass jemand in einem Strafprozess angeklagt ist, macht ihn in den Augen mancher juristischer Laien schon zum Schuldigen, zumindest aber zum Schuldigsten unter den möglichen Schuldigen: Der Staatsanwalt muss sich ja etwas dabei gedacht haben, als er die Anklageschrift verfasste. Die Anklageschrift ist für Laienrichter manchmal ein „pfannenfertiges Gericht." Der professionelle Berufsrichter hingegen kennt die Mechanismen der Justiz und weiß, dass auch den Anklägern immer wieder Fehler unterlaufen. Er weiß also, dass „angeklagt" noch längst nicht „schuldig gesprochen" bedeutet.

Ein „Grundpfeiler der Demokratie"?

Und da wären wir schon beim berüchtigten „gesunden Volksempfinden" angelangt. Während die Hauptargumente der Strafverteidiger für die Geschworenengerichtsbarkeit also darin bestehen, dass man der Gefahr der Betriebsblindheit der Berufsrichterschaft entgegen wirken will, verteidigen Politiker die Geschworenengerichtsbarkeit vor allem mit so genannten „demokratiepolitischen" Argumenten. Wie in vielen anderen Ländern war auch in Österreich die Einführung des Geschworenengerichtes ein Symbol für die Abkehr von einem diktatorischen Regime gewesen. Nur ein Jahr nach dem Ende der nationalsozialistischen Herrschaft wurde bereits die Neuregelung der Geschworenengerichtsbarkeit in Angriff genommen. Der Wiener Rechtsanwalt Dr. Zörnlaib sah in der „Volksjury" einen „Garanten der bürgerlichen Freiheit und einen sicheren Schutz gegen jeden Versuch, neuerdings irgendeine Form der Diktatur im Staate aufzurichten" und resümiert: „Der Richter stünde unter, der Geschworene über dem Gesetz", er sei „der Künder des Volkswillens, der Spiegel der öffentlichen Meinung".

Der Rechtsanwalt stand damals mit seiner positiven Einstellung zum Geschworenengericht ziemlich alleine da. Praktisch sämtliche Größen der Strafrechtslehre der

Nachkriegszeit hatten sich gegen die Wiedereinführung der Geschworenengerichtsbarkeit in ihrer alten Form ausgesprochen. Der zweite Präsident des Obersten Gerichtshofes, Dr. Leonhard, wird wie folgt zitiert: „Wenn die Rechtsanwaltskammer die Forderung aufstelle, die Geschworenen dürften nicht an das Gesetz gebunden sein, so widerspreche dies dem Geiste der Strafprozessordnung von 1873. Gerade die Auffassung der Geschworenen, sie seien nicht an das Gesetz gebunden, habe zum Verfall dieser Einrichtung und zu ihrer Diskreditierung in der Öffentlichkeit geführt. Die Freiheit der Geschworenen vom Gesetz wäre das gröbste Übel. Der österreichische Richter fühle sich unabhängig und sei es auch, er verdiene den Vorwurf, er neige dazu, sich in juristische Irrgänge zu verlieren, keineswegs. Die Geschworenen seien nicht unabhängiger als die Richter."

In dieselbe Kerbe schlug Univ.-Prof. Dr. Roland Graßberger: „Es besteht kein Recht des Geschworenengerichtes auf eine contra- (oder extra)-legale Entscheidung, insbesondere verkennen die Geschworenen ihre Befugnisse, wenn sie vermeinen, das Gesetz beiseiteschieben zu können."

Trotz dieser massiven, einhelligen Kritik praktisch sämtlicher Größen der Strafrechtslehre der Nachkriegszeit wurde am 22.11.1950 die Einführung des Geschworenengerichts beschlossen. Am 01.01.1951 nahmen in Österreich die Geschworenengerichte nach 17jähriger Pause ihre Tätigkeit wieder auf. Generalanwalt Dr. Viktor Liebscher resümierte treffend: „Man darf ruhig davon ausgehen, dass ein sachliches Bedürfnis nach Wiedereinführung dieser Verfahrensart – etwa Unzufriedenheit mit dem Großen Schöffengericht – nicht bestand. Wie so oft, waren auch hier für das Entstehen und den Inhalt eines Gesetzes nicht wirklich Erfordernisse, sondern Spielregeln der innenpolitischen Arithmetik mitverantwortlich.“

Die Kritik an der Geschworenengerichtsbarkeit verstummte in der Folge keineswegs. 20 Jahre nach der Einführung der Geschworenengerichtsbarkeit in Österreich schreibt Univ.-Prof. Friedrich Novakowsky in seinem Gutachten für den Österreichischen Juristentag: „Die Heranziehung von Laien in der Strafgerichtsbarkeit ist in einer mittelbaren Demokratie, die den Rechtsstaat als Gesetzesstaat versteht, keine zwingende Folgerung aus der Staatsform. Die rechtsstaatlichen Sicherungen können nicht ganz verhindern, dass die richterliche Unabhängigkeit nach oben hin eine Frage der persönlichen Qualität bleibt. An Gefahren kommen zwar kaum unmittelbare Weisungen, wohl aber Rücksichten auf das Fortkommen, die gesellschaftliche Stellung udgl. in Betracht. Der Laie ist insoferne auch heute noch unabhängiger. Dagegen ist er auf ‚Druck von unten‘ vermutlich anfälliger. Mehr als die Berufsrichter dürfte er von seiner Umwelt, von Massenmedien und von allgemeinen Stimmungen beeinflusst werden.“

Nowakowsky plädiert dafür, Geschworenengerichte durch Schöffengerichte zu ersetzen.

Geschehen ist auch seitdem nichts. Mehr als fünfzig Jahre nach der Wiedereinführung der Geschworenengerichtsbarkeit in Österreich erteilt Univ.-Prof. Wolfgang Brandstetter in seinem Gutachten für den 15. Österreichischen Juristentag 2003 den demokratiepolitischen Erwägungen zur Geschworenengerichtsbarkeit eine Abfuhr, indem er es auf den Punkt bringt: „Es wäre auch verfehlt, den Geschworenen im Einzelfall eine Rolle zuzubilligen, die auf die Korrektur des Gesetzgebers hinausläuft [...]. Erst recht wäre es verfehlt, in einer solchen ‚Kompetenz' der Geschworenen, die sozusagen konsequente und reinste Verwirklichung des Demokratie-gedankens zu sehen. Ganz im Gegenteil, die Demokratie als Staatsform hat mit der Laiengerichtsbarkeit an sich im Speziellen eigentlich nichts zu tun.

Das zu Gunsten der Geschworenengerichtsbarkeit ins Treffen geführte ‚demokratiepolitische Argument' scheint mir – bei allem Verständnis für die Vielschichtigkeit des Begriffes ‚Demokratie' – auf einem falschen Demokratie-verständnis zu beruhen. Das demokratische Prinzip wäre überdies wertlos, wenn es nicht durch das rechtsstaatliche Prinzip ergänzt würde, das auch die Einhaltung der von der demokratisch legitimierten Mehrheit determinier-ten Normen und deren gleichartige Anwendung auf die Normadressaten sicher zu stellen ist. Es wäre daher auch zutiefst undemokratisch, wollte man den Geschworenen im Einzelfall zugestehen, ‚legibus solutus' agieren zu dür-fen."

Dennoch wird das „demokratiepolitische" Argument auch mehr als fünfzig Jahre nach Wiedereinführung der Geschworenengerichtsbarkeit von deren Verfechtern bemüht. Univ.-Prof. Manfred Burgstaller, aus der Riege der Lehrenden heute wohl der namhafteste Befürworter des Geschworenengerichtes, räumt zwar ein, dass die zentralen Gründe, um derentwillen im 19. Jahrhundert die Einführung der Geschworenengerichte erkämpft wurde – Schaffung eines Freiraumes gegenüber dem absoluten Staat, Verhinderung von Kabinettsjustiz, generelles Misstrauen gegenüber den beamteten

Berufsrichtern – gegenstandslos geworden oder nicht mehr tragfähig seien; jedoch: „Das zentrale Argument, dass das Geschworenengericht für mich auch heute noch sinnvoll erscheinen lässt, ist ihr Beitrag zur Verankerung der Strafjustiz in der Gesellschaft"; die Mitwirkung von unmittelbaren Repräsentanten des Volkes sende „ganz allgemein ein Signal für die demokratische Legitimation der Strafjustiz" aus.

Auch Burgstaller gibt zu bedenken, dass diktatorische Regime keine Geschworenengerichte dulden und dass es nach Erreichung demokratischer Verhältnisse mehrfach zur Einführung bzw. Wiedereinführung derartiger Gerichte gekommen wäre.

In der Tat hat „jury nullification" schon etwas für sich: Die Geschworenen könnten gewissermaßen eine „demokratische Kontrolle" über das Justizsystem ausüben, indem sie ihrer Ansicht nach ungerechte oder verfehlte Gesetze einfach nicht anwenden. Und so etwas kam auch vor einem österreichischem Gericht schon vor: Ein Fall, bei dem Geschworene ein ihrer Ansicht nach nicht zeitgemäßes Gesetz nicht angewandt haben, wird von Univ.-Prof. Brandstetter zitiert: Ein Spitalsarzt injizierte 1994 einer moribunden Patientin eine tödliche Überdosis an Schmerzmitteln, sodass sie unmittelbar nach der Injektion verstarb. Der Arzt selbst bekannte sich in ersten Gesprächen mit Kollegen, aber auch in ersten Einvernahmen dazu, dass er die Patientin von ihrem Leiden erlösen wollte; in späteren gerichtlichen Vernehmungen schwächte er sein Geständnis dahingehend ab, dass es ihm zwar nicht darauf angekommen sei, die Patientin zu töten, er sich jedoch damit abgefunden hätte, dass diese extrem hohe Dosis an Schmerzmitteln eine tödliche Wirkung habe könnte.

Die Meinungsbildung der Geschworenen in diesem Verfahren ging nach Aussage einiger von einander unabhängiger Prozessbeteiligter in die Richtung, den betreffenden Arzt keinesfalls zu einer auch nur teilweise unbedingten Freiheitsstrafe zu verurteilen. Zu verständlich erschien den Geschworenen die vom angeklagten Arzt bei seiner ersten Einvernahme angegebene Motivation, und auch der Eindruck, den der Arzt in der Hauptverhandlung hinterließ, war der eines offenbar überaus sensiblen Menschen, den das Leiden der Patientin wirklich berührt hatte. Aufgrund der damaligen Rechtslage war jedoch im Fall einer Mordanklage selbst bei Vorliegen der Voraussetzungen außerordentlicher Strafmilderung eine bedingte Strafnachsicht generell ausgeschlossen.

Die Geschworenen verweigerten ihre Zustimmung zu einer Verurteilung wegen Mordes oder Totschlags. Der Arzt wurde vielmehr wegen „fahrlässiger Tötung unter besonders gefährlichen Verhältnissen" zu einer Freiheitsstrafe in der Dauer von zwei Jahren, die auf drei Jahre bedingt nachgesehen wurde, verurteilt.

Brandstetter: „Die Frage, worin im konkreten Fall die besonders gefährlichen Verhältnisse bestanden haben könnten, muss freilich offen bleiben. Der Hinweis darauf, dass nur bei Annahme dieser Qualifikation eine Freiheitsstrafe von zwei Jahren als Höchststrafe möglich war, muss als Erklärung genügen."

Das Urteil dieser Geschworenen wird ungeachtet des Umstandes, dass es nicht gesetzeskonform ausgefallen ist, fraglos als gerecht empfunden.

Es gibt jedoch ganz andere Beispiele, bei denen das „gesunde Volksempfinden" zu höchst fragwürdigen Urteilen geführt hat. Dazu gehören auch die Urteile der Geschworenengerichte der Nachkriegszeit über nationalsozialistische Gewaltverbrechen.

„Dunkle Strömungen" – Die Macht der Medien

Auszüge aus der – trotz großer „Blutrünstigkeit" inzwischen eingestellten – österreichischen Boulevard-Zeitung „täglich alles" vom 20.03.1994, erschienen einen Monat vor Beginn des Prozesses gegen Jack Unterweger: „Erniedrigung/ Misshandlung/ Fesselung/ Erdrosselung/ entblößte Leichen ist auch der (blut-)rote Faden im spektakulärsten Kriminalfall unseres Landes. Exklusiv, ein Monat vor Prozessbeginn: Die enge Indizienkette um J.U.". „Noch nie waren die Ermittlungen gegen einen mutmaßlichen Mörder so kompliziert, so umfangreich, so international und so wissenschaftlich ausgerichtet. (...) Die Beamten der Sonderkommission haben unter der Leitung des Chefs der Wiener Mordkommission, Dr. Ernst Geiger, in Zusammenarbeit mit sechs kriminologisch-wissenschaftlichen Instituten in Europa und in den USA eine erdrückende Indizienlast zusammengetragen." „Unterwegers Psychogramm: Was er mit Serienkillern gemeinsam hat." „Gefährliche Aggressivität gegenüber Frauen" „Noch ein Monat bis zum Prozess. Jack Unterweger rüstet mit zwei Anwälten – sein Wiener Anwalt wird von einem Grazer unterstützt – für seine letzte Chance auf Freiheit. Für einen blassen Hoffnungsschimmer..."
Die Gefahr, dass Laienrichter in ihrer Urteilsfindung

durch vorverurteilende Medienberichterstattung beeinflusst werden können, ist altbekannt. Kurz nach Wiedereinführung der Geschworenengerichtsbarkeit in Österreich mahnte Generalanwalt Dr. Viktor Liebscher: „Man kann sich unschwer ausmalen, wohin dies führen kann, sollten eines Tages dunkle Strömungen, denen gegenüber die Volksseele nie ganz immun ist, die öffentliche Meinung beeinflussen und sich mit einer durch die Lasserschen Artikel nicht mehr gezügelten Boulevardpresse verbünden." Die Lasserschen Artikel aus dem Jahr 1862 sollten den Schutz der Unschuldsvermutung gewährleisten.

Schauplatzwechsel: Ich habe 1995 den Strafprozess gegen O.J. Simpson über den US-TV-Sender CNN, der live aus dem Gerichtssaal berichtete, verfolgt und war von der sachlichen Atmosphäre im Gerichtssaal beeindruckt, zumal diese Atmosphäre stark mit der damals herrschenden Medienhysterie kontrastierte. Die Presse war sich weitgehend einig: O.J.Simpson ist schuldig, die Beweislage erdrückend. Die von der Presse vollkommen isolierten, in Quarantäne untergebrachten Geschworenen sahen das anders und sprachen Simpson frei. Ob Simpson schuldig ist oder nicht, weiß er wohl nur selber – mich bestürzt nur, dass die Medien diesen Freispruch bis heute nicht wahrhaben wollen und immer wieder von einem „Fehlurteil" gesprochen wird. Es ist doch sehr bedenklich, wenn Medien sich zu „Richtern über Richter" aufschwingen und das Urteil einer unabhängigen Jury nicht mehr respektiert wird.

Die Gefahr, dass die Geschworenen ihr Urteil unter dem Einfluss der Boulevard-Presse fällen, besteht in erster Linie natürlich bei den „Sensationsprozessen". Das bedeutet aber nicht, dass die Medienberichterstattung bei anderen

Prozessen ohne Relevanz ist: Massenmedien schaffen oftmals den Nährboden für Urteile, indem sie Vorurteile in den Köpfen der Menschen erzeugen; man denke nur an Prozesse gegen „Asylanten", oder „Ausländer" oder „schwarzafrikanische Drogendealer" – bei wem entstehen bei diesen Worten keine einschlägigen, durch Medienberichte ausgelöste Assoziationen? Das österreichische Mediengesetz, das vorverurteilende Berichterstattung mit Geldstrafen bedroht, ist daher letztendlich nur ein „Tropfen auf dem heißen Stein".

„Jury vetting" – oder das Match um die „maßgeschneiderte" Jury

Hierzulande kennt man dieses Szenario aus US-amerikanischen Gerichtsfilmen: Findige Verteidiger prüfen die Geschworenen auf Herz und Nieren, indem sie durch raffinierte Fragestellungen herauszufinden versuchen, ob diese durch vorverurteilende Medienberichte oder ihre gesellschaftspolitische Einstellung gegen den Angeklagten beeinflusst sein könnten. Sowohl Verteidigung als auch die Staatsanwaltschaft haben nämlich in einem eigenen, noch vor Beginn des Prozesses stattfindenden Auswahlverfahren, dem sogenannten „jury vetting"- abgeleitet von „Veto"- die Möglichkeit, einzelne Geschworene ohne Angabe von Gründen abzulehnen. Jede Partei versucht auf diese Art und Weise, eine „maßgeschneiderte" Geschworenenbank „zurechtzuzimmern." Dabei dürfen die Parteien den potentiellen Geschworenen unendlich viele Frage stellen, um Gründe für eine mögliche Voreingenommenheit des Geschworenen zu finden. Diese Vorauswahl der Geschworenen kann in den USA Tage, sogar Wochen, dauern und bildet bei brisanten Fällen oft den medienwirksamen Auftakt des Prozesses. Um eine Bank von zwölf Geschworenen und sechs Ersatzgeschworenen auszu-wählen, wurden etwa im Verfahren gegen den Bombenleger von Denver, McVeigh, 350 potentielle Geschworene befragt. Bei großen Prozessen setzen die Strafverteidiger Sachver-ständige ein, die sogenannten „trial consultants", die sie dar-über beraten sollen, von welchem Menschentyp eine günstige Entscheidung zu erwarten ist. Diese „trial consultants" arbei-ten mit Pseudo-Geschworenenbänken und Pseudo-Verhand-lungen: So werden etwa 100 Personen in Gruppen von zwölf Personen durch eine Reihe von Pseudo-Verhandlungen mit dem Ablauf des Falls konfrontiert und dazu befragt. Auf die-se Weise sammeln die „jury consultants" Informationen da-rüber, welche Zusammensetzung der Geschworenenbank für den Auftraggeber günstig sein könnte. Es versteht sich, dass diese aufwändigen Testverfahren sehr teuer sind und daher nur wohlhabenden Angeklagten zur Verfügung stehen.

Diese „trial consultants" können sich aber auch gewaltig irren. Im Watergate-Verfahren empfahl das von den „trial consultants" hergestellte psychologische Profil etwa, ausgebildete Angehörige der weißen Mittelschicht nicht in die Geschworenenbank aufzunehmen. Die Angeklagten wurden freigesprochen – allerdings war der ausschlaggebende Geschworene ein weißer Bankmanager, der erst in letzter Minute als Ersatz für einen wegen Krankheit ausgefallenen Geschworenen eingesetzt wurde. Er überzeugte in der Manier von Henry Fonda's „Twelve Angry Men" („Die zwölf Geschworenen") die übrigen Geschworenen, die Angeklagten freizusprechen.

Um allzu grotesken Auswüchsen entgegen zu wirken,

hat die Rechtsprechung des „Supreme Court" inzwischen gewisse Richtlinien über die Zulässigkeit von Fragen an die potenziellen Geschworenen entwickelt. Fragen, die auf eine möglicherweise rassistische Haltung eines potentiellen Geschworenen schließen lassen könnten, sind zum Beispiel nur dann zulässig, wenn eine solche Einstellung in die Urteilsfindung einfließen könnte. Außerdem hat der „Supreme Court" ausgesprochen, dass das Recht des Angeklagten auf eine unparteiische Geschworenenbank dann verletzt ist, wenn die Staatsanwaltschaft bei Prozessen, bei denen dem Angeklagten die Todesstrafe droht, Geschworene wegen ihrer ablehnenden Haltung gegenüber der Todesstrafe ausschließt. Zu Recht erfolgt der Ausschluss des Geschworenen aber dann, wenn er bei der Befragung erklärt hat, die Todesstrafe unter keinen Umständen verhängen zu wollen. Denn in diesem Fall ist der Geschworene für sein Amt untauglich, da er aufgrund seiner Einstellung gar nicht in der Lage ist, geltendes Recht anzuwenden. Erklärt der Geschworene aber, dass er ungeachtet seiner ablehnenden Grundsatzhaltung die Todesstrafe verhängen würde, darf er nicht ausgeschlossen werden. Diese Rechtsprechung hat dazu geführt, dass sich die Befragung der potentiellen Geschworenen in jenen Strafprozessen, in denen dem Angeklagten die Todesstrafe droht, in der Regel sehr umfangreich gestaltet.

Nach Ansicht des „Supreme Court" gibt es kein verfassungsmäßig garantiertes Recht der Parteien, den Geschworenen solche Fragen zu stellen, die Rückschlüsse auf ihre Voreingenommenheit aufgrund von Presseberichten („pre-trial publicity") zulassen würden. Vielmehr sei es allein Aufgabe des Richters, die Geschworenen darüber zu belehren, dass sie ihrem Urteil nur die im Verfahren vorkommenden Beweise zugrunde legen dürfen, so dass es trotz einer vorverurteilenden Berichterstattung zu einem fairen Urteil kommen kann. Die US-RichterInnen handhaben diese verantwortungsvolle Aufgabe auf recht unterschiedliche Weise: Manche RichterInnen gewähren der Verteidigung weiten Spielraum in Bezug auf die Befragung der Geschworenen im Rahmen des „jury vetting", während andere das Fragerecht sehr restriktiv handhaben und nur allgemein gehaltene Fragen zulassen. Einige RichterInnen erlauben es, die Fragen in schriftlicher Form zu stellen, da dadurch komplexe Fragestellungen möglich sind; vor allem aber fühlen sich die Geschworenen sicherer, weil sie nicht so sehr der Öffentlichkeit preisgegeben sind.

Wie man also sieht, wird die Sinnhaftigkeit des aufwändigen Vorauswahlverfahrens aufgrund des enormen Aufwandes und der oft langen Dauer in den USA zunehmend diskutiert. Der „Supreme Court" hat bereits ausgesprochen, dass das Vorauswahlverfahren „kein essentielles Element des Rechtes des Angeklagten auf eine unparteiische Jury" darstelle („[...] is not an essential element of the defendant's right to an impartial jury"). Eine gänzliche Abschaffung des Vorauswahlverfahrens würde die „trial consultants" wirtschaftlich kaum treffen, da sie den Verteidigern auch in Hinblick auf die Präsentation von Beweismitteln, die Befragung von Zeugen udgl. wertvolle Dienste erweisen. Die „trial consultants" sind inzwischen im US-amerikanischen Strafrechtssystem fest verankerte Einrichtungen geworden, die nicht mehr wegzudenken sind.

Sollte das für den US-Strafprozess so typische „jury vetting" eines Tages doch abgeschafft werden, ist davon auszugehen, dass die Parteien im Gegenzug vermehrt vom Ablehnungsrecht wegen Befangenheit („challenge for cause") Gebrauch machen würden: Wenn ein Geschworener Äußerungen tätigt, aus denen etwa geschlossen werden kann, dass er sich bereits unverrückbar eine Meinung über Schuld oder Unschuld gebildet hat - oder dass er etwa rassistische Vorurteile gegen den Angeklagten hegt, so kann er wegen Befangenheit abgelehnt werden. Derzeit werden in den USA bundesweit etwa 15 bis 25 % der Geschworenen in Strafprozessen wegen Befangenheit ausgeschlossen.

Im österreichischen Geschworenenprozess beschränkte sich das Ablehnungsrecht hingegen immer schon darauf, dass Staatsanwaltschaft oder Verteidigung Geschworene wegen Befangenheit ablehnen können. In diesem Fall hat der Verteidiger oder Staatsanwalt einen begründeten Ablehnungsantrag bei Gericht einzubringen. Das Problem dabei liegt allerdings auf der Hand: Nachdem die Parteien hierzulande ja keine Möglichkeit haben, Fragen an die Geschworenen zu stellen, wird man einen voreingenommenen Geschworenen kaum erkennen können. Ganz abgesehen davon, dass hier dasselbe gilt wie beim Ablehnungsrecht in Bezug auf einen Berufsrichter: Es ist außerordentlich schwierig, mit einem Ablehnungsantrag in der Praxis durchzukommen. Die Rechtsprechung gesteht dem Richter auch eine vorgefasste Meinung zu, ohne dass er dadurch befangen würde. Der Oberste Gerichtshof hat das in einer Entscheidung aus dem Jahr 1976 so beschrieben:" Das Wesen der Befangenheit besteht in der Hemmung einer unparteiischen Entscheidung durch unsachliche psychologische Motive. Befangenheit liegt daher nicht schon dann vor, wenn sich ein Richter vor der Entscheidung eine Meinung über den Fall gebildet hat, sondern erst dann, wenn die Annahme begründet erscheint, dass er auch angesichts allfälliger gegenteiliger Verfahrensergebnisse nicht gewillt ist, von seiner vorgefassten Meinung abzugehen.

Eine ausgewogene Geschworenenbank als Ziel

„Representativeness", die in ethnischer, sozialer und geschlechtsspezifischer Hinsicht ausgewogene Zusammensetzung des Geschworenenspruchkörpers, ist also in den USA ein wichtiges Thema. Eben diese Ausgewogenheit soll ja in oben geschilderten Vorauswahlverfahren erreicht werden. Vielfach wird kritisiert, dass Angehörige sozial benachteiligter Gruppen oft nicht lange genug an einem Ort wohnhaft sind, um überhaupt auf die Geschworenenlisten zu gelangen.

In Österreich ist die Auswahl der Schöffen und Geschworenen im komplizierten Verfahren des Geschworenen- und Schöffengesetzes geregelt. Danach kann grundsätzlich jeder österreichische Staatsbürger, der mindestens 25 und höchstens 65 Jahre alt ist und einen ordentlichen Wohnsitz im Inland hat, zum Schöffen oder Geschworenen berufen werden. Wie in anderen Strafrechtsordnungen auch, kennt auch das Geschworenen- und Schöffengesetz eine Reihe von Ausnahmebestimmungen, die sicherstellen sollen, dass einerseits nur entsprechend geeignete Personen dieses Amt ausüben, andererseits Personen nicht berufen werden, die berufsmäßig an der Strafrechtspflege mitwirken. So ist etwa zum Geschworenen unfähig, wer infolge seines körperlichen oder geistigen Zustandes die Pflichten des Amtes nicht erfüllen kann, wer der Gerichtssprache nicht so weit mächtig ist, dass er dem Gang einer Verhandlung verlässlich zu folgen vermag, wer bestimmte gerichtliche Verurteilungen aufweist oder gegen den ein gerichtliches Strafverfahren anhängig ist.

Das eigentliche Auswahlverfahren erfolgt dann nach dem Zufallsprinzip: In öffentlicher Amtshandlung haben die Bürgermeister einen geringen Bruchteil der in den Wählerevidenzen der Gemeinden enthaltenen Personen auszulosen, aus denen sodann Verzeichnisse gebildet werden; aus diesen Verzeichnissen werden wiederum die Jahreshauptlisten gebildet. Aus diesen Listen lost der Präsident des Landesgerichtes in öffentlicher Sitzung die jeweiligen Dienstlisten der Schöffen und Geschworenen.

Der österreichische Gesetzgeber hat also dafür Sorge getragen, dass die Zusammensetzung der Geschworenenlisten externer, insbesondere politischer Einflussnahme entzogen ist. Kaum Gedanken hat man sich in Österreich jedoch zum Thema „Ausgewogenheit der Geschworenenbank" gemacht. Die wenigen Vorschriften, die eine gewisse Ausgewogenheit des Geschworenengerichtes bei speziellen Delikten sicherstellen sollen, finden sich in der Strafprozessordnung: Liegt dem Angeklagten eine strafbare Handlung gegen die Sittlichkeit zur Last, so müssen der Geschworenenbank mindestens zwei Geschworene des Geschlechts des Angeklagten und mindestens zwei des Geschlechts der verletzten Person angehören. Eine weitere Vorschrift betrifft das Verfahren gegen einen jugendlichen Angeklagten: In diesem Fall müssen jedem Geschworenengericht vier im Lehrberuf, als Erzieher in der Jugendwohlfahrt oder Jugendbetreuung tätige oder tätig gewesene Personen als Geschworene angehören. Weiters müssen auch hier dem Geschworenengericht mindestens zwei Geschworene des Geschlechtes des Angeklagten angehören.

Bedingt durch Migrationsbewegungen steigt auch hierzulande die Zahl der Angeklagten ausländischer Herkunft; sehr oft sind sie nicht einmal österreichische Staatsbürger. Ausländerkriminalität rührt nicht von daher, dass „kriminelle Elemente" aus dem Ausland nach Österreich strömen, sondern ist ein rein soziales Phänomen und steht im Zusammenhang mit der zum Teil erbärmlichen sozialen Lage dieser Menschen, die aufgrund fremdenrechtlicher Bestimmungen zumeist nicht einmal über eine Arbeitsbewilligung verfügen und so mangels jeglichem sozialen Rückhalts geradezu in die Kriminalität gedrängt werden. Es stellt sich die berechtigte Frage, inwiefern ein gut situierter Angehöriger des Mittelstandes, der in ein Geschworenengericht berufen wurde, in der Lage ist, diese Lebenssituation des Angeklagten überhaupt nachvollziehen zu können.

Oft fehlt es auch am Verständnis für kulturelle Eigenheiten von Menschen ausländischer Herkunft. Dies wird bereits beim Sprachgebrauch deutlich: Ich erlebe immer wieder, dass Menschen türkischer Herkunft aufgrund ihrer Wortwahl überdurchschnittlich häufig wegen des Tatbestandes der gefährlichen Drohung angeklagt werden. Von Gerichtsdolmetschern wurde mir schon mehrfach versichert, dass in orientalischen Ländern relativ rasch „grobe Worte" fallen, die jedoch nicht wörtlich als Drohung mit einer Verletzung an Körper, Freiheit, Ehre oder Vermögen zu verstehen seien und von einem ebenfalls türkischen Erklärungsempfänger auch nicht als solche verstanden werden.

Ein Lösungsvorschlag wäre, dass auch bei uns eine bestimmte Anzahl der Geschworenen der ethnischen Herkunft des Angeklagten angehören sollte. Diesem Ziel könnte man schon dadurch näher kommen, indem man den VerteidigerInnen auch hierzulande die Möglichkeit gibt, eine bestimmte Anzahl von Geschworenen nach kurzer Befragung ohne Angabe von Gründen abzulehnen. Allein dadurch würden die Chancen auf eine ausgewogene Zusammensetzung der Geschworenenbank in Hinblick auf Geschlecht oder ethnische Herkunft erhöht werden.

Zum anderen sollte überhaupt eine Anhebung der Zahl der Geschworenen in Betracht gezogen werden. Je größer nämlich die Zahl der Geschworenen ist, desto wahrscheinlicher wird ein repräsentativer Querschnitt der Bevölkerung erreicht werden.

„Das stille Kämmerlein"

Im Geschworenenprozess wird es am Schluss richtig „geheim". Nach Abschluss des mehr oder minder aufwändigen Beweisverfahrens werden die an die Geschworenen zu richtenden Fragen verlesen. Dann erstatten Ankläger und Verteidiger ihre Schlussplädoyers. Der Angeklagte hat das letzte Wort. Bis dahin ist alles noch öffentlich. Dann aber ziehen sich die Geschworenen in das Beratungszimmer zurück und wählen mit einfacher Stimmenmehrheit einen Obmann aus ihrer Mitte. Sodann begibt sich der vorsitzende Richter ins Beratungszimmer der Geschworenen und erteilt ihnen die Rechtsbelehrung. Diese Rechtsbelehrung ist nicht öffentlich; und zwar auch nicht parteienöffentlich, findet also ohne Anwesenheit des Staatsanwalts und des Verteidigers statt. Im Gesetz ist diese heikle Aufgabe des Richters wie folgt umschrieben: „Im Anschluss an die Rechtsbelehrung bespricht der Vorsitzende mit den Geschworenen die einzelnen Fragen; er führt die in die Fragen aufgenommenen gesetzlichen Merkmale der strafbaren Handlung auf den ihnen zugrunde liegenden Sachverhalt zurück, hebt die für die Beantwortung der Frage entscheidenden Tatsachen hervor, verweist auf die Verantwortung des Angeklagten und auf die in der Hauptverhandlung erhobenen Beweise, ohne sich eine Würdigung der Beweismittel einzulassen, und gibt die von den Geschworenen etwa begehrten Aufklärungen. Er bespricht mit den Geschworenen das Wesen der freien Beweiswürdigung [...]."

Danach zieht sich auch der Richter aus dem Beratungszimmer zurück, die Geschworenen stimmen allein ab: Der Abstimmung der Geschworenen darf bei sonstiger Nichtigkeit niemand beiwohnen. Die Vorgänge während der Beratung und Abstimmung der Geschworenen unterliegen dem Beratungsgeheimnis. Darauf werden die Laienrichter in der vom Bundesministerium für Justiz herausgegebenen Broschüre „Schöffen und Geschworene in Österreich" ausführlich hingewiesen: „Die Presse berichtet oft in großer Aufmachung über spektakuläre Prozesse. Doch Vorsicht! Alles was in der Beratung gesprochen wird, unterliegt dem Beratungsgeheimnis. Wer eine Mitteilung über die Beratung, über die Abstimmung oder über deren Ergebnis in einem Druckwerk, im Rundfunk oder sonst auf eine Weise veröffentlicht, dass diese Mitteilung einer breiten Öffentlichkeit zugänglich wird, macht sich gerichtlich strafbar!"

Bedenklich wird es allerdings, wenn versucht wird, das Veröffentlichungsverbot dazu heranzuziehen, um das Aufzeigen möglicherweise nicht gesetzeskonformer Vorgänge zu verhindern:

Rund ein Jahr nach dem Ende des Prozesses gegen den mutmaßlichen Prostituiertenmörder Jack Unterweger hatte ich Details über Aussagen des vorsitzenden Richters gegenüber den Geschworenen, die im Beratungszimmer gefallen sein sollen, veröffentlicht. Der Geschworene hatte mir erzählt, dass der Richter keinen Hehl über seine Ansicht, wonach der Angeklagte schuldig wäre, gemacht und immer wieder Zeugenaussagen kommentiert hätte, wobei sogar der saloppe, von einer abweisenden Handbewegung begleitete Satz „Die lügen ja!" gefallen wäre. Die Staatsanwaltschaft Graz reagierte rasch: Nur wenige Tage nach der Publikation wurden alle Geschworenen von der Exekutive vorgeladen und einvernommen, der „Täter" war rasch ausgeforscht, da sofort geständig. Gegen ihn, einem braven, unbescholtenen und ob der Anzeige entsprechend entsetzten Familienvater, und gegen mich – als „Anstifterin" – wurden sodann Vorerhebungen wegen „verbotener Veröffentlichung" eingeleitet: „Sie stehen im Verdacht, Herrn Reinhold P. (...) dazu bestimmt zu haben, dass er ihnen Geheimnisse offenbarte, die ihm ausschließlich Kraft seines Amtes als Geschworener in der Strafsache gegen Jack Unterweger anvertraut oder zugänglich gemacht wurden und diese dann in ihrem Buch (...) publiziert zu haben.", hieß es in der Anzeige der Staatsanwaltschaft Graz. Das Verfahren wurde dann aber bald wieder ohne Begründung eingestellt.

Ein Strafverfahren hätte meines Erachtens jedenfalls mit einem Freispruch für den Familienvater und mich ausgehen müssen: Das Veröffentlichungsverbot bezieht sich ausschließlich auf Vorgänge während der Beratung und Abstimmung der Geschworenen, die der Öffentlichkeit nicht zugänglich sein sollen. Der Lehre und bisherigen Rechtsprechung ist nicht zu entnehmen, dass es sich auch auf die Rechtsbelehrung durch den Richter beziehen soll. Eine derartige Auslegung des Gesetzes wäre wohl auch höchst unangebracht; eben deshalb, weil dadurch mögliche Gesetzesverstöße „gedeckt" würden.

Es soll nämlich immer wieder vorkommen, dass es bei der nicht öffentlichen Rechtsbelehrung der Geschworenen durch den Richter nicht bei sachlichen Erklärungen und Erläuterungen bleibt, sondern bisweilen auch Ratschläge oder gar Anweisungen erteilt werden. Ein inzwischen sehr prominenter Fall betrifft den Mordprozess gegen den Linzer Rennfahrer und Zuhälter Tibor Foco. Foco war 1987 wegen Mordes an einer Prostituierten zu lebenslanger Haft verurteilt worden. Nach dem Schuldspruch kamen bei einigen Geschworenen erhebliche Zweifel an der Richtigkeit ihrer Entscheidung auf. Sie seien vom vorsitzenden Richter sowohl manipuliert als auch unter Druck gesetzt worden. Sie bemühten sich auf eigene Faust um die Wiederaufnahme des Verfahrens.

Inzwischen widerrief auch noch die Hauptbelastungszeugin ihre Aussage und es traten immer mehr Ungereimtheiten der polizeilichen Ermittlungen zutage. Schließlich wurde 1995 – im dritten Anlauf – dem Antrag auf Wiederaufnahme des Verfahrens stattgegeben. Auch im Zuge des wieder aufgenommenen Verfahrens wurde die Verschwiegenheitsproblematik akut, nachdem der als Zeuge geladene Obmann der Geschworenen des ersten Prozesses um „Entbindung von der Verschwiegenheitspflicht" ersuchte. Dies wurde vom Präsidenten des Oberlandesgerichtes Linz abgelehnt, worauf der ehemalige Geschworene Berufung einlegte. In dem in letzter Instanz ergangenen Bescheid des Bundesministeriums für Inneres wurde dann festgestellt, dass eine Verschwiegenheitspflicht gar nicht besteht. Wenig später flüchtete Foco allerdings im Zuge einer Ausführung zu einer Prüfung und ist seitdem unauffindbar. Der Fall ist bis heute nicht abgeschlossen.

Das Problem betrifft aber keineswegs nur öffentlichkeitswirksame Strafprozesse. Der Bregenzer Strafverteidiger Wilfried Weh zitiert etwa eine Kärntner Geschworene: „Aufgefallen ist mir bereits in der ersten Verhandlungspause, dass der Vorsitzende von Anfang an mit aller Schärfe die Meinung vertrat, es handle sich hier um Mord. Ich hatte den Eindruck, dass er die Gespräche der Geschworenen regelrecht überwachen wollte, dies deshalb, weil er in jeder Verhandlungspause mit den Beisitzern bei uns war. Die Geschworenen konnten kein Gespräch untereinander führen, bei dem er nicht anwesend war und in das er nicht vehement eingegriffen hat, sobald eine andere als seine Meinung geäußert wurde. Eine Geschworene, die immer wieder, praktisch als Einzige, den Mut hatte, Argumente für den Angeklagten vorzubringen, wurde immer wieder im Satz unterbrochen, angefahren und heftig abgekanzelt, sodass sie nicht aufkommen konnte. Ich selbst habe mich durch das Verhalten des Vorsitzenden so eingeschüchtert gefühlt, dass ich meine Meinung nicht äußerte, weil ich Angst hatte, auf die selbe Art und Weise grob angefahren zu werden."

Dass die Rechtsbelehrung an die Geschworenen und die Zusammenfassung des Prozessstoffes nicht öffentlich, sondern im Beratungszimmer der Geschworenen und ohne Beisein der Parteien erfolgt, ist eine österreichische Besonderheit. In anderen Ländern, in denen echte Geschworenengerichte tagen, wo also die Geschworenen alleine über die Schuld entscheiden, finden Rechtsbelehrung und die Zusammenfassung des Prozessstoffes, das sogenannte „summing up" selbstverständlich öffentlich statt. In Spanien, wo Geschworenengerichte 1996 wieder eingeführt wurden, kam es gleich beim ersten Prozess in Castellon zur Aufhebung eines Urteiles wegen Verletzung dieses Öffentlichkeitsgebotes: Nachdem die Geschworenen schon längere Zeit beraten hatten, ersuchten sie den Richter schriftlich um Erläuterung, was „exzessive Notwehr" bedeute. Der Richter erteilte den Geschworenen die gewünschte Rechtsbelehrung, – allerdings ohne dazu, wie gesetzlich vorgesehen, den Verteidiger und den Staatsanwalt beizuziehen.

Auch in Russland, wo das Geschworenengericht 1993 als Symbol der Überwindung einer Diktatur wieder eingeführt wurde, erteilt der Richter bzw. die Richterin den Geschworenen in öffentlicher Sitzung die Rechtsbelehrung, fasst die be- und entlastenden Beweise zusammen und erklärt den Geschworenen den Grundsatz der Unschuldsvermutung. Nach dem Schlusswort können die Parteien überdies Einspruch wegen mangelnder Unparteilichkeit erheben.

In den US-Bundesstaaten und in Schottland erteilt der Richter bzw. die Richterin im Anschluss an das Beweisverfahren öffentlich die Rechtsbelehrung. Die Zusammenfassung des Prozessstoffes obliegt jedoch nicht den Richtern, sondern den Parteien. Der Umstand, dass in Österreich die so genannte Rechtsbelehrung im „stillen Kämmerlein" stattfindet, ist deshalb umso bedenklicher, als ja der österreichische Strafprozess – wie auch die anderen europäischen Strafprozesssysteme – eben kontinental-europäisch orientiert ist: Was ja bedeutet, dass der Richter schon vom System her mehr aus der Sicht der Anklage agiert.

Übrigens: Die österreichische Strafprozessordnung sieht keine Belehrung der Geschworenen über den Grundsatz „Im Zweifel für den Angeklagten" (Unschuldsvermutung) vor – in Anbetracht der fundamentalen Bedeutung dieses Grundsatzes im Strafrecht sicherlich ein großes Manko.

Viel Demokratie, wenig Rechtsschutz? Zur fehlenden Urteilsbegründung

Der Grund dafür, dass sich seinerzeit praktisch sämtliche Größen der Strafrechtslehre der Nachkriegszeit gegen die Wiedereinführung der Geschworenengerichtsbarkeit in ihrer alten Form ausgesprochen hatten, war die Tatsache, dass der Wahrspruch der Geschworenen nicht durch ein Rechtsmittel überprüft werden kann. Der Grund: Das Urteil eines Geschworenengerichts ist in aller Regel ein so genanntes „general verdict" – es lautet auf „schuldig" oder auf „nicht schuldig" und enthält keine Begründung. Statt einer Begründung findet sich in der Urteilsausfertigung vielmehr der Satz: „Das Urteil gründet sich auf den Wahrspruch der Geschworenen." Daraus resultiert die De-facto-Unbekämpfbarkeit des Wahrspruchs der österreichischen Geschworenen durch eine höhere Instanz.

Somit kommen Wahrsprüche zustande, die BerufsrichterInnen kaum fällen könnten, da sie die ihrer Entscheidung zugrunde liegenden Erwägungen begründen müssen. Im Prozess gegen Jack Unterweger reichten etwa zwei Indizien in zwei Mordfällen für eine Verurteilung in sieben weiteren Mordfällen aus – dies allein aufgrund der von der Anklage entwickelten Theorie, dass die insgesamt elf angeklagten Morde von einem einzigen Täter verübt worden sein müssten und Unterweger theoretisch immer in Tatortnähe gewesen sein könnte! Wobei die Geschworenen nicht einstimmig urteilten.

Acht Geschworene stimmten für „schuldig", immerhin zwei für „unschuldig". In zwei Mordfällen wurde Unterweger von den Geschworenen aber einstimmig freigesprochen, was wiederum im Widerspruch zur erwähnten Serientäter-Therorie stand. Man kann davon ausgehen, dass ein derart unschlüssiges Urteil, wäre es von BerufsrichterInnen verfasst worden, einer Berufung der Verteidigung kaum standgehalten hätte. So aber erschöpfte sich die „Begründung" im Satz: „Das Urteil gründet sich auf den Wahrspruch der Geschworenen." Womit das Urteil inhaltlich faktisch unbekämpfbar blieb und nur mehr Formalfehler im Rahmen einer Nichtigkeitsbeschwerde aufgegriffen werden konnten.

Ich erinnere mich, dass in den Medien die Geschworenengerichte damals sogar mit dem „Argument" verteidigt wurden, dass „das Ganze mehr als die Summe seiner Teile" wäre; sprich: Die Geschworenen würden eben „aus dem Bauch heraus" entscheiden und das sei gut so!

Spanien, wo das Geschworenengericht als ein Eckpfeiler der jungen Demokratie und Ausdruck der Unabhängigkeit der Rechtsprechung nach dem Ende der Franco-Diktatur eingeführt wurde, hat dagegen einen neuen Weg eingeschlagen: Der Spruch der Geschworenen muss dort sehr wohl begründet werden. Andernfalls wäre das Geschworenengericht verfassungswidrig gewesen: Die spanische Verfassung aus dem Jahr 1978 sieht nämlich vor, dass jedes Gerichtsurteil eine Begründung zu enthalten hat. Die spanischen Geschworenen haben daher in gedrängter

Form schriftlich darzulegen, warum sie Sachverhalte als erwiesen angesehen haben. Danach hat der Richter oder die Richterin auf Grundlage dieser Angaben der Geschworenen ein mit einer Begründung versehenes Urteil zu verfassen. In diesem Urteil muss genau ausgeführt sein, welche Tatsachen von den Geschworenen als erwiesen angesehen wurden und welche strafbaren Handlungen dadurch vom Verurteilten verwirklicht worden sind.

Problematisch ist das möglicherweise dann, wenn der Richter oder die Richterin mit der Entscheidung der Geschworenen nicht einverstanden ist. Siehe dazu die nachfolgenden Ausführungen von Katharina Rueprecht.

In Belgien wurde 2009 eine „einfachere" Begründungspflicht der mit Laien besetzten Gerichte, der sogenannten „cours d`assises" eingeführt. Und zwar als Reaktion auf eine Entscheidung des Europäischen Gerichtshofs für Menschenrechte im Fall Taxquet, mit der die mangelnde Nachvollziehbarkeit der Verurteilung gerügt wurde.

Die Bestimmung lautet: Nachdem die Geschworenen zu einer Entscheidung gekommen sind und den sogenannten Wahrspruch gefällt haben, ziehen sie sich mit den drei BerufsrichterInnen in das Beratungszimmer zurück und formulieren „die hauptsächlichen Gründe für ihre Entscheidung".

Der belgische cour d`assises darf aber nicht verwechselt werden mit dem französischen Gerichtstyp gleichen Namens. Dieser ist zusätzlich mit drei BerufsrichterInnen besetzt, ist also mit unserem Schöffengericht vergleichbar und daher kein Geschworenengericht im eigentlichen Sinn. Die Urteile wurden aber auch dort nicht begründet, obwohl BerufsrichterInnen mitentschieden haben. Dies wurde mit der

„conviction intime", also mit der „inneren Überzeugung" gerechtfertigt. Die Berufung auf die „innere Überzeugung" war immer wieder Gegenstand der Kritik und es kursierte dazu auch ein Witz: Der Angeklagte, der gerade zu 20 Jahren Haft verurteilt wurde, fragt den Richter: „Warum wurde ich für schuldig befunden?" Der Richter antwortet darauf: „Das geht Sie gar nichts an, das ist meine innere Überzeugung." (Ça ne vous regarde pas, c`est ma conviction intime.) Erst 2016 wurde das geändert, und zwar in der Weise, dass das Gericht nun die Gründe für die Verurteilung angeben muss, weiterhin jedoch nicht die für das Strafausmaß. Dafür genügt wohl die „innere Überzeugung". Anders im belgischen „cour d`assises. Dort müssen auch die Gründe für das Strafausmaß angegeben werden.

Der französische cour d`assises wurde aber ohnehin weitgehend verdrängt durch den im Jahr 2019 eingeführten cour criminelle.

Mit der Einführung der Begründungspflicht des belgischen cour d`assises ist es jedoch bedauerlicherweise nicht zu einer verbesserten Bekämpfbarkeit der Urteile gekommen. Die Urteile sind nach wie vor nur sehr eingeschränkt bekämpfbar. Im spanischen Geschworenenprozess hingegen sind die Urteile in vollem Umfang bekämpfbar. Siehe dazu die nachfolgenden Schilderungen der drei spanischen Geschworenenprozesse.

Die „Notbremse" der Berufsrichter: Aussetzung des Wahrspruchs

Der österreichische Schwurgerichtshof hat die Möglichkeit, den Wahrspruch der Geschworenen auszusetzen. Dies ist dann möglich, wenn die Berufsrichter einstimmig zur Ansicht gelangen, dass sich die Geschworenen bei ihrem Ausspruch in der Hauptsache geirrt haben. In diesem Fall wird die Entscheidung ausgesetzt und die Sache dem Obersten Gerichtshof vorgelegt, der die Strafsache dann wiederum an ein anderes Geschworenengericht verweist.

1934 wurde diese Kontrolle dadurch erweitert, dass nunmehr der Wahrspruch auch zu Ungunsten des Angeklagten ausgesetzt werden konnte – eine Reaktion des autoritären Dollfuß-Regime auf die tragischen Ereignisse im Zuge des „Schattendorf-Urteils". Diese Möglichkeit besteht bis heute unverändert in dieser Form.

Im angloamerikanischen Rechtskreis wäre derartiges undenkbar. Dort ist die Entscheidung der Jury sakrosankt und können sich die Geschworenen sogar über geltende Gesetze oder eine eindeutige Beweislage hinwegsetzen („jury nullification"). Immerhin: Die Möglichkeit der Aussetzung besteht aber auch im österreichischen Strafprozess nur ein Mal. Stimmt der Wahrspruch des zweiten Geschworenengerichtes mit dem ersten überein, so ist er dem Urteil zugrunde zu legen.

Ein prominentes Beispiel einer Aussetzung des Wahrspruches ist der Fall des Kärntner Lehrers Franz Rieser. Rieser wurde wegen Mordversuchs am damaligen Kärntner Landeshauptmann Leopold Wagner angeklagt, den er im Rahmen einer Maturafeier angeschossen und schwer verletzt hatte. Rieser wurde am 6. Juni 1988 von den Geschworenen lediglich der fahrlässigen Körperverletzung schuldig gesprochen, vom Vorwurf des Mordversuchs jedoch freigesprochen. Daraufhin wurde der Wahrspruch wegen Rechtsirrtums der Geschworenen aufgehoben. Am 28. August 1988 wurde Rieser im zweiten Prozess vom Innsbrucker Landesgericht als Geschworenengericht wegen absichtlicher schwerer Körperverletzung und des Vergehens gegen das Waffengesetz zu drei Jahren Gefängnis verurteilt. Auch die Innsbrucker Geschworenen verweigerten somit einen Schuldspruch wegen Mordversuches. Der Freispruch war zweifellos Ausdruck einer gewissen Sympathie für den Attentäter, zumal dem von ihm als Opfer auserkorenen Landeshauptmann Wagner Machtpolitik, Parteibuchwirtschaft, aber auch die Förderung der rechtspopulistischen Politik der SPÖ in Kärnten vorgeworfen worden war.

Andere Fälle unverständlicher Wahrsprüche der Geschworenen haben dagegen für Empörung in der Öffentlichkeit gesorgt. So etwa der Fall „Iris-Maria". Das drei Monate alte Baby wurde von seinem durch das Schreien „genervten" Vater geschüttelt und geschlagen, dann hat er ihm auch noch einen Polster vors Gesicht gedrückt – bis es tot war. Ein Wiener Geschworenengericht sprach den 22-Jährigen wegen „fahrlässiger Tötung" (!) schuldig. Die Berufsrichter setzten den Wahrspruch aus, da es für fahrlässige Tötung wahrlich keinen Anhaltspunkt im Sachverhalt gegeben hatte. Am 17.10.2006 wurde der Mann von einem neu zusammengesetzten Laiengremium wegen Quälens einer wehrlosen Person mit Todesfolge zu acht Jahren Freiheitsstrafe verurteilt.

Ein aussterbender Gerichtstyp?

Die Geschworenengerichtsbarkeit ist in Europa auf dem Rückzug. „Alteingesessen" ist dieser Gerichtstyp natürlich in England, das ja als dessen Mutterland gilt. In Kontinentaleuropa gibt es das Geschworenengericht außer in Österreich auch noch in Belgien.

In der Schweiz wurde die Geschworenengerichtsbarkeit 2011 abgeschafft. Einzig der Kanton Tessin hat seine Geschworenengerichte nach einer Volksabstimmung behalten.

Sogar im Mutterland der Geschworenengerichtsbarkeit, eben in England, wird die Zahl jener Delikte, die vor einem Geschworenengericht abgeurteilt werden, zusehends eingeschränkt.

In den meisten anderen europäischen Ländern gibt es statt dem Geschworenengericht schon seit Jahrzehnten das Schöffengericht, wo die Laien gemeinsam mit den BerufsrichterInnen entscheiden.

Gegenläufig ist dieser Trend nur in Russland und Spanien, wo die Geschworenengerichtsbarkeit 1993 (Russland) bzw. 1995 (Spanien) als Symbol für die Überwindung diktatorischer Regimes wieder eingeführt worden ist. Aber auch die Strafrechtsordnungen dieser Länder haben mit den Problemen der Geschworenengerichtsbarkeit (insbesondere lange Verfahrensdauer durch spätere Aufhebung der Urteile, fehlende Rechtssicherheit) zu kämpfen.

„Das Volk hat an der Rechtssprechung mitzuwirken." Pflicht des Volkes – oder Recht des Angeklagten?

Es geht der österreichischen Verfassung offenbar um eine Verpflichtung des Volkes und nicht um das Recht des Angeklagten, vor ein Laiengericht gestellt zu werden. Anders ist die Situation in den Vereinigten Staaten und in England: Dort stellt die Institution „Jury" offenbar ein Recht des Angeklagten dar. Denn der Angeklagte hat die Möglichkeit auf das Recht, vor ein Geschworenengericht gestellt zu werden, zu verzichten. In England macht sogar die überwiegende Anzahl der Angeklagten von diesem Recht Gebrauch und zieht es vor, anstatt feierlich von einer Jury, in einem raschen, unförmlichen Verfahren von EinzelrichterInnen („magistrates") abgeurteilt zu werden. Auch in Russland verzichten etwa 40 % der Angeklagten auf ihr Recht, vor ein Geschworenengericht gestellt zu werden.

Hätte der Angeklagte das Recht, auf ein Geschworenengericht zu verzichten, so würde dies zum einen eine erhebliche Entlastung der Justiz nach sich ziehen. Nicht zuletzt aufgrund des hohen Verfahrensaufwandes hat das geschworenengerichtliche Verfahren den Unmut der Kritiker auf sich gezogen.

Aber auch für den Angeklagten selbst wäre die Möglichkeit eines Verzichts auf ein Geschworenengericht von großem Vorteil. Es gibt wirklich kein stichhaltiges Argument dafür, weshalb ein Angeklagter gewissermaßen zu „seinem Glück gezwungen" werden sollte. Vor allem dann, wenn er sich ohnedies schuldig bekennt, ist es unverständlich, weshalb er sich dennoch einem aufwändigen und kostenintensiven Verfahren unterziehen soll. Kostenintensiv ist dieses

Verfahren nämlich nicht nur für die Allgemeinheit, sondern auch für den Angeklagten selbst: Anwaltliche Leistungen im geschworenengerichtlichen Verfahren sind erwartungsgemäß weitaus teurer als in den Verfahren vor dem Einzelrichter oder dem Bezirksrichter.

Die Reformvorschläge gehen derzeit vor allem in Richtung des so genannten „Großen Schöffengerichts", bei dem die zahlenmäßig überlegenen acht Geschworenen gemeinsam mit den drei BerufsrichterInnen über die Schuld des Angeklagten entscheiden sollen. Dieses System besteht in vielen europäischen Rechtssystemen schon seit Jahrzehnten. Jedenfalls aber soll mit der „Geheimniskrämerei", also der Rechtsbelehrung im stillen Kämmerlein ohne Beisein von Verteidigung und Staatsanwaltschaft und dem „Gottesurteil"-Charakter des Wahrspruchs Schluss sein.

Astrid Wagner

Aus dem Alltag der österreichischen Strafjustiz: Der „Möchtegern-Raubüberfall"

Vor dem Ortswechsel nach Spanien zu Katharina Rueprecht und ihren spannenden Prozessen möchte ich noch einen geradezu typischen Fall eines österreichischen Geschworenenprozesses aufzeigen. Am folgenden Fall, an dem ich als Verteidigerin beteiligt war, zeigen sich einige typische Probleme der österreichischen Geschworenengerichtsbarkeit, wie Überforderung der Laien, geheime und daher nicht überprüfbare Rechtsbelehrung durch den Richter und vor allem fehlende Urteilsbegründung. Urteilen Sie selbst:

Herrn Abu Mohammad Abu-Bakar[1] hatte ich auf Grund einer arbeitsrechtlichen Auseinandersetzung kennen gelernt. Der Arbeitgeber, der Betreiber eines Pizzalokals in Wien, hatte ihn ohne sein Wissen nicht angemeldet und war ihm monatelang den Lohn schuldig geblieben. Nachdem ihm Herr Abu-Bakar schließlich wutentbrannt mit dem Rechtsanwalt gedroht hatte, rief der Chef die Polizei und beschuldigte ihn, die Kellnerbrieftasche gestohlen zu haben. Die Folge war ein Verfahren beim Arbeitsgericht und ein Strafverfahren wegen Diebstahls beim Bezirksgericht Wien-Fünfhaus. Beide Verfahren gaben durchaus Grund zur Zuversicht und ich rechnete damit, dass Herr Abu-Bakar trotz seines etwas schusseligen Auftretens und seiner Neigung, sich – noch dazu mit äußerst fehlerhaften Deutsch – in einen „Wirbel" hineinzureden, am Ende doch zu seinem Lohn kommen und im Strafverfahren freigesprochen werden würde. Er hatte es, seit dem er in Österreich war, ohnedies nicht leicht gehabt: Er stammte aus Jordanien, wo er auch das Gymnasium besucht hatte. Danach hatte er in der Ukraine eine Zahnarztausbildung absolviert. Im Jahre 1999 war er mit seiner Gattin nach Österreich gekommen. Da sein Diplom hier aber nicht anerkannt wurde, war er gezwungen, sich mit diversen Jobs über Wasser zu halten; zuletzt eben als Kellner in dem Pizzalokal. Sein Deutsch war leider immer noch sehr mangelhaft.

Bei der letzten Verhandlung rückte Herr Abu-Bakar plötzlich damit heraus, dass sein Chef außer ihm auch noch zwei rumänische Abwäscherinnen nicht angemeldet hätte und auch ihnen den Lohn schuldig geblieben wäre. Daraufhin wurde die Verhandlung auf einen späteren Zeitpunkt zur Ladung dieser Zeuginnen vertagt. Nach der Verhandlung teilte mir Herr Abu-Bakar mit, noch über weitere Zeugen und Beweise zu verfügen und wir vereinbarten einen Besprechungstermin in meiner Kanzlei.

Dazu kam es aber nicht mehr. Nach rund einer Woche rief mich ein verzweifelter Herr Abu-Bakar an und teilte mir wortreich mit, dass er soeben verhaftet worden wäre und ich ihn möglichst schnell in der Justizanstalt Wien-Josefstadt besuchen kommen soll! Bereits am nächsten Tag besuchte ich ihn und erfuhr, was geschehen war: Man hatte ihn wegen Verdachts des bewaffneten Raubüberfalls gemeinsam mit weiteren vier Mittätern, darunter drei Albanern und einem Tunesier, verhaftet. Nun, so viel kriminelle Energie hätte ich Herrn Abu-Bakar wirklich nicht zugetraut! Nur eines passte zu ihm: Offenbar waren er und seine Mittäter höchst schusselig vorgegangen...

Bereits bei dieser ersten Haftvisite flehte mich Abu-Bakar an, ihn möglichst rasch aus der Untersuchungshaft herauszuholen. Wie immer, redete er wie ein Wasserfall und unterstrich alles mit dramatischer Gestik. Nicht nur wegen seiner vielen Grammatikfehler, sondern diesmal auch wegen seiner großen Aufregung war es sehr anstrengend, ihm zuzuhören. Er schwor, dass er vollkommen schuldlos in die Geschichte hineingeraten sei. Seine Version der Geschichte in Kurzfassung: Der Tunesier sei ein Freund von ihm. Am besagten Tag, es war der 13.4.2004, hätte er sich mit ihm auf einen Kaffee in einem Wiener Außenbezirk getroffen. Daraufhin sei ein Albaner ins Lokal gekommen und hätte sich dazu gesetzt. Es sei die Rede davon gewesen, dass ein Bruder des Albaners von einem weiteren Albaner aus einer anderen Clique mit einem Messer gestochen worden sei und im Spital liege. Er wolle sich nun für seinen verletzten Bruder rächen. Der Tunesier habe ihm daraufhin gesagt, dass er sein Freund sei und ihm dabei helfen wolle. Schließlich habe er, Abu-Bakar, den Herren mitgeteilt, dass er nun weiter müsse, da er einen Termin bei seiner Rechtsanwältin im ersten Bezirk hätte – eben bei mir. Sein tunesischer Freund habe vorgeschlagen, ihn mit dem Auto der Albaner, das in der Nähe abgestellt wäre, zur Rechtsanwältin zu bringen.

Daraufhin habe der Albaner auf seinem Handy jemanden angerufen. Man sei zur Straßenbahn gegangen, einige Stationen gefahren und dann von einem Mercedes, in dem zwei Männer gesessen seien, abgeholt geworden. Diese beiden Männer habe er noch nie zuvor gesehen. Mit dem Mercedes sei man dann in den sechzehnten Bezirk gefahren. Dort sei einer der Albaner ausgestiegen und schon nach wenigen Minuten wieder zurückgekommen. Er habe einen Elektroschocker gekauft. (Dieses elektrisch geladene Gerät besteht aus zwei an der Vorderseite angebrachten Metallkontakten. Werden beide Kontakte mit einer Person in Berührung gebracht und das Gerät ausgelöst, so erleidet diese durch die hohen Spannungsspitzen einen so genannten Elektroschock.

Der Elektroschocker gilt als „Waffe". Normalerweise ist sein Einsatz nicht lebensgefährlich; nur in Einzelfällen kann die Zielperson eine tödliche Verletzung erleiden.) Die Männer hätten gesagt, dass sie jetzt den jungen Albaner suchen wollten, der den Bruder niedergestochen hätte, um ihn „fertigzumachen". Dann hätten die hilfsbereiten Herrschaften Herrn Abu-Bakar noch zu seiner Wohnung gebracht, aus der er seine Kappe geholt und seiner Frau gesagt hätte, dass er bald nach Hause kommen würde.

Nachdem der Termin bei der Rechtsanwältin erst um 13 Uhr war, hatte man noch ein wenig Zeit, um im zwölften Bezirk bei der Freundin des Herrn Abu-Bakar auf eine Tasse Kaffee vorbei zu schauen. Auf dem Weg dahin sei der Lenker allerdings zu früh abgebogen und habe deshalb noch eine Runde fahren müssen. Plötzlich hätte einer der Männer geschrieen „Scheiß Albaner", womit er einen auf der Straße gehenden Typen gemeint hätte. Der Typ hätte zum Freundeskreis jenes Mannes gehört, der den Bruder niedergestochen hätte. Man sei sofort stehen geblieben, zwei der Männer seien wütend ausgestiegen. Sein tunesischer Freund wäre ihnen gefolgt, um sie zu beruhigen. Der Lenker habe in der Zwischenzeit den Mercedes eingeparkt. Auch er, Abu-Bakar, sei dann ausgestiegen, um den Männer nachzugehen. Er hätte sie dann zwei Gassen weiter auf einem Platz mit einer Kirche getroffen. Nachdem man den Albaner nicht gefunden hatte, habe man beschlossen, gemeinsam zum Auto zurückzukehren.

Kurz nachdem sie alle wieder ins Auto eingestiegen und weggefahren seien, um endlich zum Kaffee bei der Freundin zu fahren, sei es dann geschehen: Plötzlich sei die Polizei aufgetaucht und hätte alle festgenommen! Er habe keine Ahnung warum!

Was an der Geschichte des Herrn Abu-Bakar jedenfalls stimmte: Er hätte an diesem Tag tatsächlich einen Termin in meiner Kanzlei gehabt.

Nach einigen Tagen hatte ich die Kopie des bereits sehr dicken Gerichtaktes und studierte ihn durch. Bedauerlicherweise wurde Herr Abu-Bakar von den Albanern wegen Beteiligung an einem versuchten Raubüberfall massiv belastet. Nur sein tunesischer Freund bestätigte seine Version der Geschichte, zumindest in den Grundzügen.

Alle drei Albaner hatten sich hingegen vollkommen geständig verantwortet. Demnach hatte die ganze Geschichte folgende Bewandtnis: Einer der Albaner hatte in einem Schnellimbisslokal im zwölften Bezirk gearbeitet. Dieses Lokal gehörte zur Schnellimbisskette „Schnitzelwirt", die zahlreiche Filialen in Wien hat. Dabei hatte er herausgefunden, dass täglich ein Geldbote unterwegs war, um in den Filialen die Tageslosungen abzuholen. Es war immer nur ein Fahrer und die Tageslosungen waren immer sehr hoch... Endlich eine Lösung für die drückenden Geldprobleme!

Schnell war ein Plan gefasst, der auch in die Tat umgesetzt wurde. Mit von der Partie: Die drei Albaner, ihr tunesischer Freund und dessen Freund Abu-Bakar. Um möglichst unerkannt zu bleiben, fuhr man zu einer Tankstelle, stahl dort die beiden Kennzeichentafeln eines BMW und schraubte sie am Tatfahrzeug, dem väterlichen Mercedes, fest. Dann fuhr man mitsamt dem für den Überfall eigens besorgten

Elektroschocker in den zwölften Bezirk zu der Filiale, die man für den Raub auserkoren hatte. Während der Lenker im Fahrzeug geblieben wäre, seien die anderen ausgestiegen und hätten die Lage ausgekundschaftet. Allerdings seien sehr viele Leute im und beim Lokal gewesen – zu viele! Daraufhin habe man beschlossen, die ganze Sache abzublasen und sei wieder zum Auto gegangen, um wegzufahren. An dieser Stelle belasteten sich die einzelnen Täter gegenseitig: Die Albaner sagten einhellig aus, dass Abu-Bakar und sein tunesischer Freund noch unbedingt zu einer anderen Filiale fahren wollten, um zu sehen, ob dort ein Überfall leichter möglich wäre. Erwartungsgemäß wurde dies vom Tunesier bestritten, während mein Mandant ja ohnehin von der ganzen Geschichte von vorneherein nichts gewusst haben wollte.

Einig waren sich die Albaner aber darin, dass ihnen die ganze Geschichte „zu heiß" geworden wäre. Der Tunesier wiederum begründete den Abbruch wie folgt: Der Anblick einer Frau mit Kinderwagen habe ihn an seine Verantwortung für die eigene Familie und das Unrecht seiner Tat ins Gewissen gerufen... Da habe er spontan beschlossen, von seinem bösen Vorhaben abzurücken!

Nie geklärt wurde, wer die Polizei auf den Plan gerufen hatte. Offenbar hatten die gesprächigen Herrschaften auch im Bekanntenkreis von ihrem Vorhaben erzählt. Jedenfalls hieß es in der zugrunde liegenden Anzeige vom 15.4.2004: *„Am 10.4.2004 langte in der hs Dienststelle die vertrauliche Mitteilung ein, dass eine Tätergruppe albanischer und arabischer Herkunft den bewaffneten Raubüberfall auf den Geldbotenfahrer der Kette Schnitzelhaus für den 11.4.2004 geplant hätten. [...] Die Tätergruppe hätte bereits umfangreiche Vorbereitungen zur Tatausführung getroffen. Sie hätte sich eine scharfe Faustfeuerwaffe* besorgt, und auch die Fahrtroute des Geldbotenfahrers durch nachfahren eruiert. Die weiteren Informationen des vertraulichen Hinweisgebers deckten sich folglich mit den von hier erlangten Ermittlungserkenntnissen, wonach u. a. die Tätergruppe den Überfall unter zu Hilfenahme des Pkws vom Vater eines der Täter zur Flucht verwenden wollte. [...] Folglich konnte verifiziert werden, dass die Täterschaft den Raubüberfall aufgrund der Betragshöhe nach den Wochenend-Einnahmen an einem Montag verüben wollte, jedoch im konkreten Falle den Ostermontag als Feiertag nicht einkalkuliert hatte. Deshalb wurde kurzfristig seitens der Täter umdisponiert und die Ausführung des Überfalls auf Dienstag, den 13.4.2004 verschoben, wo man sich eine Raubbeute von 100 000 Euro oder mehr erwartete. [...] Mit dem ausgewählten Opfer des Raubüberfalls, dem Geldbotenfahrer der Kette Schnitzelhaus, Thomas S., wurde das Einvernehmen hergestellt und in der Folge sämtliche Maßnahmen gesetzt, welche der Gefahrenerforschung und Herstellung der Sicherheit im vorgegebenen Aktionsradius, insbesondere jedoch zum Schutze des Thomas S. dienen konnte."

Weiters hatte der Informant bekannt gegeben, dass es sich beim möglichen Planer des Raubüberfalls um einen Albaner mit dem Vornamen „Adrian"[2] handle, der ein Handy mit der Rufnummer 0664/(...) verwende. Es handelte sich um ein anonymes Wertkartenhandy und die gerichtlich angeordnete Überwachung des Fernmeldeverkehrs mit den begleitenden Maßnahmen erbrachte kein zielführendes Ergebnis in Bezug der Ausforschung dieses „Adrian".

Wer dieser Informant war, war dem Polizeiprotokoll nicht einmal andeutungsweise zu entnehmen. Weiters hieß es in der Anzeige: „Am 13.4.2004 gegen 13:05 hatte Thomas S. soeben seine Tour beendet und war auf dem Weg zur Zentrale nach

Wien 12, Arndtstraße 55, als von eingesetzten Polizeikräften ein bronzefarbener Mercedes gesichtet wurde, indem sich vier Männer befanden und der im Bereich der Zentrale die Häuserblocks umrundete. Dieser Pkw hielt dann in nächster Nähe zum Eingang der Zentrale, und zwar vor dem Haus Gierstergasse 7, wo er einparkte. Drei der Männer verließen den Pkw und gingen in Richtung Arndtstraße 55, während der Lenker beim Fahrzeug blieb und an der hinteren Kennzeichentafel manipulierte. Anschließend wurde eruiert, dass die am Mercedes montierte Kennzeichentafeln W... bereits am 27.3.2004 als gestohlen gemeldet wurden. [...] Nachdem nunmehr offensichtlich war, dass es sich hier um eine Täterschaft zum geplanten bewaffneten Raubüberfall auf Thomas S. handelt, dieser bereits unmittelbar vor dem Eintreffen im potentiellen Gefahrenbereich war, wurde dessen Zufahrt zur Zentrale gestoppt und seine Fahrt zugleich umgeleitet. Die Täter hatten sich dann aus nicht erkennbaren Gründen zu ihrem unverändert abgestellten Mercedes begeben und wollten mit diesem wegfahren. Der Zugriff erfolgte in Höhe des Hauses Gierstergasse 3, wo der Lenker seinen Mercedes verkehrsbedingt anhalten musste und wo dann die Festnahme der Insassen erfolgen konnte. Bei den Festgenommenen handelt es sich um die zu Punkt 1-4 angeführten Personen, wobei Adrian M. in seiner linken Jackeninnentasche einen betriebsbereiten Elektroschocker mit sich führte, mit dem laut Beschreibung eine Energie von 200000 Volt auf die Kontakte freigegeben werden kann. Als Lenker befand sich hinter dem Steuer der Zulassungsbesitzer, gleichzeitig Bruder des Adrian M., Mirsad M. Nach Überstellung der Festgenommenen in die Kade 1 und Einvernahme derselben, zeigte sich Adrian M. von Anbeginn an geständig und kooperationsbereit. Sein Bruder Mirsad M. ist gleichfalls zum Großteil geständig und von den anderen Tätern liegen Teilgeständnisse vor."

Nachdem die Voruntersuchung abgeschlossen war, wurde im Juni 2004 Anklage wegen schweren Raubes gegen die fünf Männer erhoben. Da die Strafdrohung bis zu fünfzehn Jahren lautet, war das Geschworenengericht zuständig. Die Hauptverhandlung wurde für den 21.10.2004 beim Landesgericht für Strafsachen Wien anberaumt.

Mein Mandant hatte seine Verantwortung über mein Anraten inzwischen geringfügig modifiziert: Er blieb zwar dabei, dass er von den Vorbereitungshandlungen, insbesondere auch der geplanten Verwendung des Elektroschockers für einen Raubüberfall, nichts gewusst habe. Allerdings habe man ihm unmittelbar vor dem geplanten Überfall, nämlich nach dem Einparken in der Nähe des „Schnitzelwirts", von der geplanten Tat erzählt. Die drei Männer seien ausgestiegen. Er auch, aber nicht, um am Raubüberfall teilzunehmen: Vielmehr sei er den drei Männern nachgegangen, um sie von ihrem Vorhaben abzuhalten!

Ich war skeptisch, dass die Geschworenen seiner Geschichte Glauben schenken würden. Aber immerhin hielt sein tunesischer Freund nach wie vor zu ihm und bestätigte, dass er von den Vorbereitungshandlungen wirklich nichts gewusst habe.

Wie auch immer: Rein rechtlich hätten hier alle Täter meines Erachtens freigesprochen werden müssen. Dies wegen der gesetzlichen Bestimmung zum „Rücktritt vom Versuch": *„Der Täter wird wegen des Versuchs oder der Beteiligung daran nicht bestraft, wenn er freiwillig die Ausführung aufgibt oder, falls mehrere daran beteiligt sind, verhindert oder wenn er freiwillig den Erfolg abwendet."*
Genau diese Voraussetzungen lagen hier vor. Wir Verteidiger befragten die Zeugen, vor allem die Polizeibeamten, ge-

zielt in diese Richtung. Und erhielten genau die gewünschten Antworten – die Polizeibeamten arbeiteten geradezu in die Hände der Verteidigung, ohne es eigentlich zu wollen: Dem Polizeibericht war zu entnehmen, dass die Angeklagten um 13:05 dem Mercedes entstiegen waren und bereits um 13:10 (also nach nur fünf Minuten) wieder ins Auto gestiegen waren. Der Zugriff der Polizei erfolgte um exakt 13:12. Alle einvernommenen Polizisten erzählten stolz, dass die Observierung perfekt getarnt gewesen wäre.

Wörtliche Aussage des Einsatzleiters bei Gericht: *„Die Angeklagten sind langsam gegangen. Es waren keine Leute auf der Straße. Auch die Polizeibeamten saßen alle im Auto. Sie waren von außen nicht zu sehen."* Ein Schulbeispiel für einen absolut freiwilligen Rücktritt vom Versuch: Freiwillig ist der Rücktritt nach der Strafrechtslehre, wenn er nicht durch zwingende Hinderungsgründe veranlasst wird, sondern aus einem selbst gesetzten Motiv erwächst, das als solches auch nicht ethisch wertvoll zu sein braucht. Der Täter sagt also: Ich kann die Tat vollenden, ich will es aber nicht. Es ist also vollkommen irrelevant, ob die Angeklagten ihr Vorhaben deshalb abgebrochen hatten, weil ihnen die Situation wegen der vielen Leute zu unsicher war oder aber der Rücktritt aus moralisch wertvollen Motiven erfolgt war, wie es der Tunesier, den ja der Anblick der Frau mit Kinderwagen zur Umkehr bewogen haben soll, angegeben hatte. In beiden Fällen hätten die Täter jedenfalls aus eigenem Entschluss von der Vollendung der Tat abgesehen.

Nachdem die Polizeibeamten hier ganz im Sinne der Verteidigung ausgesagt hatten – was ja für gewöhnlich nicht der Fall ist! – wäre nach Ansicht von uns Verteidigern nur ein Freispruch in Frage gekommen.

Die Anklage negierte dies erwartungsgemäß und unterstellte den Angeklagten, dass sie die Tat auf Grund des Polizeieinsatzes abgebrochen hätten. Sie stütze sich dabei auf einen Nebensatz im polizeilichen Einvernahmeprotokoll des Fahrzeuglenkers. Dort findet sich nämlich der Satz: *„Ich glaube, wir werden verfolgt"*, der beim Wegfahren gefallen sein soll. Nur: Zu diesem Zeitpunkt hatte man ja bereits den Entschluss gefasst, aufzugeben. Aus diesem Nebensatz im Protokoll wird dann in der Anklageschrift ein ganzer Absatz: *„Der Beschuldigte Mirsad M. stieg inzwischen ebenfalls aus dem Auto und montierte gerade die zuvor unterdrückten Kennzeichentafeln auf dem Pkw, als die Beschuldigten Adrian M., Ahmed S. und Abu-Bakar plötzlich zu dem Auto zurückkamen und voller Aufregung riefen, dass jemand hinter ihnen her sei und er schleunigst wegfahren solle. Die Polizei, die von einer anonymen Person einen Hinweis auf die geplante Tat erhalten hatte und deshalb den Geldboten auf seiner Tour begleitet hatte, hatte den verdächtigten Pkw inzwischen wahrgenommen, den Geldboten gewarnt und umgeleitet, weshalb der Raub nicht vollendet werden konnte."*

Der Fragenkatalog an die Geschworenen war durchaus aufwändig gestaltet:

Die **Hauptfrage** ist darauf gerichtet, ob der Angeklagte schuldig ist, die der Anklage zugrunde liegende strafbare Handlung begangen zu haben. Die Hauptfrage lautete demnach für jeden Angeklagten gleich:

„Ist [...] schuldig, am 13.04.2004 in Wien im bewussten und gewollten Zusammenwirken als Mittäter mit [...] (§ 12 StGB) mit [...] und [...] versucht zu haben, den Thomas S. mit Gewalt oder durch Drohung mit gegenwärtiger Gefahr für Leib oder Leben (§ 89 StGB) unter Verwendung einer Waffe fremde bewegliche Sachen, nämlich € 86.000,-- Bargeld mit dem Vorsatz, sich durch deren Zueignung unrechtmäßig zu bereichern, wegzunehmen, indem sie gemeinsam mit einem PKW Mercedes zu dem zuvor vereinbarten Tatort, nämlich zur Zentrale des ‚Schnitzelhauses' in Wien 12., Arndstraße 55, fuhren, worauf sie das Fahrzeug verließen, sich zu jener Zentrale begaben und dort dem Thomas S. mit einem einsatzbereiten Elektroschocker auflauerten, wobei jedoch der Genannte nicht am Tatort eintraf, da ihn die Polizei gewarnt hatte?"

Bei Bejahung einer solchen Hauptfrage wäre somit der Tatbestand des schweren Raubes verwirklicht. Die Strafdrohung: Freiheitsstrafe von fünf bis zu fünfzehn Jahren.

Nach der fünf Mal gleich lautenden Hauptfrage wurde die – wiederum für jeden einzelnen Angeklagten gleich lautende – **Zusatzfrage** zum Strafaufhebungsgrund des Rücktritts vom Versuch gestellt.

„Hat Abu Mohammad Abu-Bakar freiwillig die Ausführung der in Hauptfrage 3 geschilderten Tat aufgegeben, sie verhindert oder freiwillig den Erfolg abgewendet?"

Eine Bejahung dieser Frage hätte daher einen Freispruch infolge Vorliegens der Voraussetzungen des § 16 StGB nach sich gezogen.

In meinem Schlussplädoyer erklärte ich den Geschworenen genau die Voraussetzungen und Rechtsfolgen des Rücktritts vom Versuch. Die Plädoyers meiner Kollegen lauteten durchaus ähnlich. Der Rücktritt vom Versuch war eben die „Karte", auf die wir Verteidiger setzten.

Danach hieß es für uns Verteidiger: „Draußen bleiben!" Die Geschworenen zogen sich mit ihrer komplizierten Fragenliste und einer durchwegs ausführlichen, vom Gericht verfassten schriftlichen Rechtsbelehrung in ihr Beratungszimmer zurück, wo ihnen der vorsitzende Richter mündliche die Rechtsbelehrung erteilte. In der rund 20 Seiten starken schriftlichen Rechtsbelehrung hatte sich das Gericht bemüht, das Fragenschema wie auch die hier relevanten komplizierten juristischen Begriffe und Tatbestände (wie Rücktritt vom Versuch, Beitragstäterschaft, Gegenüberstellung der Tatbestände „schwerer Raub" und „bewaffneter Diebstahl") zu erläutern, so gut das für einen juristisch nicht Ausgebildeten eben möglich ist. Während sich diese schriftliche Rechtsbelehrung im Akt befindet und somit jederzeit für Verteidigung und Staatsanwaltschaft einsehbar ist, entzieht sich der Inhalt der mündlichen Rechtsbelehrung durch den Richter der Kenntnis und Nachprüfbarkeit der Parteien. Bis heute ist nicht bekannt, welche „Erläuterungen" der Richter den Geschworenen im Beratungszimmer gegeben hat.

Die Beratung dauerte ungewöhnlich lange. Da ich in meine Kanzlei zurück musste, bat ich einen Verteidigerkollegen, für mich bei der Urteilsverkündung einzuspringen, mir dann aber gleich Bescheid zu geben. Erst um zehn Uhr abends rief mich der Kollege an und gab den Wahrspruch der Geschworenen durch: Schuldig im Sinne der Anklage! Alle Hauptfragen waren einhellig mit „8 mal Ja" und „0 mal Nein" bejaht worden. Immerhin hatten aber zwei Geschworene die „Zusatzfrage c) zur Hauptfrage 3", nämlich jene nach dem Strafaufhebungsgrund des freiwilligen Rücktritts vom Versuch bei meinem Mandanten – nicht aber bei den anderen Angeklagten – mit „Ja" beantwortet. Sechs der Geschworenen glaubten aber trotz der Angaben in der Strafanzeige und den Aussagen der Polizeibeamten nicht daran, dass Abu-Bakar freiwillig von der Tat zurückgetreten war.

Abu Mohammad Abu-Bakar wurde folglich wegen schweren Raubes schuldig gesprochen und zu einer vierjährigen Freiheitsstrafe verurteilt.

Auch wenn es nichts Neues ist, aber für einen Verteidiger ist es immer wieder frustrierend, in einem Urteil eines Geschworenengerichts unter „Entscheidungsgründe" bloß den lapidaren Satz zu lesen: *Der Schuldspruch gründet sich auf dem Wahrspruch der Geschworenen*". Durch die fehlende Begründung gibt es kaum Ansatzpunkte für ein Rechtsmittel. Dennoch meldete ich auf Wunsch meines Mandanten Nichtigkeitsbeschwerde und Berufung an.

Im Rahmen einer Akteneinsicht las ich auch das Abstimmungsprotokoll der Geschworenen. Dieses bestätigte meinen Eindruck, dass die Geschworenen nur „nach dem Gefühl" geurteilt haben dürften; quasi nach dem Motto „da war soviel kriminelle Energie im Spiel, solche Typen dürfen nicht ungeschoren davonkommen." Im Abstimmungs-protokoll fanden sich nur wenige, aus dem Zusammenhang gerissene Schlagwörter wie „gut geplant" oder „wirkt nicht glaubwürdig". Eine nachvollziehbare Begründung, warum die Geschworenen den Angeklagten nicht geglaubt haben und wie sie das Problem des Rücktritts vom Versuch gelöst haben, war dem Abstimmungsprotokoll nicht zu entnehmen. Die Erwägungen der Geschworenen werden, ebenso wie der Inhalt der vom Richter erteilten geheimen Rechtsbelehrung, für immer im Dunkeln bleiben.

Das Urteil wurde von der zweiten Instanz erwartungsgemäß bestätigt.

Katharina Rueprecht

Warum Fallstudien aus Spanien?

Das Szenario ist aus amerikanischen Spielfilmen wohlbekannt: Der würdig erhöht thronende Richter wendet sich zur Geschworenenbank: „Mr. Foreman, have you reached a verdict?"

„Yes, we have, your honor."

„Could you please hand the verdict to the clerk?"

Der Richter liest. Pokerface. Der Gerichtssekretär gibt den Zettel dem Wortführer zurück, und der liest nun den Wahrspruch für das Publikum: „We, the jury in the above entitled matter, find the defendant guilty of murder in the first degree."

Die Kamera schwenkt auf die Hinterbliebenen des Opfers. Diese nehmen den Wahrspruch mit großer Genugtuung zur Kenntnis. Die Kamera schwenkt auf die andere Seite des Ge-richtssaals, wo die Justizwachebeamten dem grimmig drein-blickenden Mörder die Handschellen anlegen und ihn abführen. Vielleicht dreht dieser sich noch einmal um und beschimpft lautstark die Polizei, die Justiz, die Vereinigten Staaten von Amerika und Gott, oder er droht mit Rache, oder er schreit: „Ich bin unschuldig, ich bin unschuldig ..."

Aber nie schreit er: „Why? Why did you find me guilty?"

Warum fragt er nie nach der Begründung? Vermutlich weil er weiß, dass er darauf keine Antwort bekommen kann, denn der Wahrspruch der Geschworenen ist ein sogenanntes „general verdict", was heißt, es lautet auf „schuldig" oder „nicht

71

schuldig" und enthält keine Begründung. Auch in Österreich nicht.

Die Begründung des Wahrspruchs mag im Film leicht ent-behrlich sein, das Publikum hat ja ohnehin den Gang des Ver-fahrens verfolgt und hat keine Zweifel über die Gründe des „guilty" oder „not guilty" und die Akteure des Verfahrens auch nicht, und überdies ist der Film ja ohnehin gleich zu Ende.

In der Realität stellt sich das anders dar: Das Fehlen einer Urteilsbegründung bedeutet, dass die Überprüfbarkeit der Entscheidung in einer höheren Instanz kaum möglich ist, da die Anfechtung der Entscheidung nicht auf eine fehlerhafte Begründung gestützt werden kann. „Das Urteil gründet sich auf dem Wahrspruch der Geschworenen", lautet in Österreich die lapidare Begründung des Urteils im geschworenengericht-lichen Verfahren.

Die Beseitigung dieses unbefriedigenden Zustands wird seit Jahrzehnten von verschiedenen Seiten gefordert. Von der Lehre, von RichterInnen, von VerteidigerInnen und von der Politik. Die einen fordern die Abschaffung des Geschwore-nenprozesses, die anderen die Begründung der geschwore-nengerichtlichen Urteile. Doch wie soll das gehen? Werden die Geschworenen das können? Bekommen sie einen Kurz-lehrgang in Strafrecht und Strafprozessrecht?

Genau diese Fragen hat man sich in Spanien auch gestellt, da dort die Geschworenengerichtsbarkeit im Jahr 1995 wie-dereingeführt wurde. Und dieses Ereignis wurde begleitet von einer Fülle von Publikationen. Das Gesetz wurde nicht nur mit einem 1200 Seiten umfassenden Kommentar versehen, son-dern es wurde die Gesetzwerdung auch von dem Erscheinen einer Vielzahl von Büchern begleitet. Alleine sieben Bücher zum Thema Geschworenenprozess liegen auf meinem Schreibtisch. Und es gibt vermutlich noch viel mehr.

Man hat sich viele Gedanken gemacht im Zuge der Entstehung des Gesetzes. Das Ergebnis der Überlegungen, wie denn die Geschworenen ihre Entscheidung begründen sollen, ist folgendes: Die Geschworenen müssen eine „knappe Erklärung" darüber abgeben, warum sie bestimmte Sachverhalte für erwiesen bzw. für nicht erwiesen halten.

Um die Worte „eine knappe Erklärung" (una sucinta explicación) rankt sich eine Vielzahl von höchstgerichtlichen Entscheidungen. Manchmal ist mehr gefordert, manchmal genügt das Wenige.

In weiterer Folge hat dann der vorsitzende Richter die Aufgabe, basierend auf der „knappen Erklärung" ein Urteil abzufassen, das den Regeln der Strafprozessordnung entspricht. Also bestehend aus Sachverhaltsdarstellung, Beweiswürdigung und rechtlicher Beurteilung. Dass der Richter oder die Richterin basierend auf der Begründung der Geschworenen ein Urteil abfassen muss, wird nicht von allen gutgeheißen.

So schreibt etwa Alberto Jorge Barreiro, Richter am Obersten Gerichtshof, in dem Buch, das zum zehnten Jahr des Bestehens des Geschworenenprozesses erschien,   dass die Regelung, wonach der Richter das begründen soll, was ande-re entschieden haben, schizoide Züge aufweise und dass es wohl besser gewesen wäre, ein Gesetz zu beschließen, wonach die Geschworenen und die Berufsrichter gemeinsam entscheiden.

Anders sieht das Ernesto Sagüillo Tejerina, ein Professor an der Universität von Cantabrien. Er schreibt in der Zeitschrift „Diario La Ley", dass nach anfänglichem Misstrauen gegenüber dem Geschworenenprozess diese Institution in die Gesellschaft Eingang gefunden habe, und noch nie habe der Geschworenenprozess in der Geschichte Spaniens über eine so lange Zeitspanne funktioniert.

Und einer Information des Justizministeriums ist zu entnehmen, dass (nur) rund 23 Prozent der Urteile vom Obergericht aufgehoben wurden. Ob das immer wegen mangelhafter Begründung geschah, ist den Aufzeichnungen nicht zu entnehmen.

In der Folge schildere ich drei Fälle, in denen das Urteil wegen mangelhafter Begründung aufgehoben bzw. abgeändert wurde.

Über den Fall Wanninkhof habe ich zunächst nur in der Tageszeitung EL PAIS gelesen. In einigen Zeitungsberichten stand auch der Name des Verteidigers. Von der Rechtsanwaltskammer Malaga bekam ich seine Telefonnummer. Ich rief ihn an, erzählte ihm von meinem Vorhaben und bekam die nötigen Prozessunterlagen.

Den Prozess zum Fall Yaiza, der in Las Palmas de Gran Canaria stattfand, konnte ich selbst verfolgen. Ernst Markel, der damalige Präsident der internationalen Richtervereinigung, war so freundlich, den Kontakt zum Präsidenten des Gerichtes von Las Palmas herzustellen, und dieser machte mich mit dem Richter bekannt, der in dem Prozess den Vor-sitz haben sollte. So hatte ich die Möglichkeit, mit dem Richter über das Verfahren zu reden.

Als ich den Bericht über den Fall Yaiza abgeschlossen hatte, wurde mir klar, dass ich nicht über mangelhafte Begründungen von geschworenengerichtlichen Urteilen schreiben kann, ohne über den Fall Otegi zu berichten: Der Wahrspruch im Fall Otegi war geradezu ein Paradebeispiel einer mangelhaften Begründung, und das darauf basierende Urteil war das Exempel eines Richters, der mit dem Spruch der Geschworenen nicht einverstanden war und dies auch in seinem Urteil kundtat. So enthielt das Urteil nicht nur keine Begründung für den Wahrspruch, sondern geradezu das Gegenteil: Der Richter begründete, warum er die Entscheidung der Geschworenen für falsch hielt.

Katharina Rueprecht

Der Fall Wanninkhof

Ein Sportschuh und eine Blutspur

Am 9. Oktober 1999 besucht die 19-jährige, in der Provinz Malaga lebende Rocío Wanninkhof Hornos ihren Freund Antonio, der nur etwa 500 Meter von ihr entfernt wohnt. Sie bleibt etwa zwei Stunden bei ihm. Die beiden wollen zu dem Straßenfest in dem nahe gelegenen Fuengirola gehen. Vorher will Rocío aber noch nach Hause, um sich etwas Wärmeres anzuziehen. Sie verabreden, dass sie sich dann direkt beim Straßenfest treffen. Sie verlässt das Haus, in dem ihr Freund wohnt, um 21.30 Uhr und geht den Weg alleine. Sonst hat ihr Freund sie immer begleitet, wenn es dunkel war. Danach hat er sie nicht mehr lebend gesehen.

Als ihre Mutter Alicia Hornos am nächsten Morgen feststellt, dass Rocío nicht zu Hause ist und ihr Bett nicht benützt wurde, ist sie sehr beunruhigt. Sie bittet ihre Tochter Rosa, zu Antonio zu gehen und nachzusehen, ob sie dort ist, und wenn nicht, ihn zu fragen, ob er etwas über den Verbleib von Rocío wisse. Rosa kommt zurück und sagt, Antonio sei dann doch nicht zu dem Fest gegangen, weil er eingeschlafen sei, aber es bestehe wohl kein Grund zur Beunruhigung, sicher habe sie bei einer Freundin übernachtet.

Um sich ein wenig abzulenken, verlässt Alicia das Haus, um eine Runde zu gehen. Nach einigen Metern bemerkt sie einen Sportschuh, den sie als den ihrer Tochter erkennt, und ein Taschentuch mit Blutflecken darauf.

In der Folge finden die Beamten der Guardia Civil eine Blutspur, die zu einer großen Blutlache führt, und Abdrücke von Autoreifen. Untersuchungen ergeben, dass das Blut auf dem Boden und in dem Taschentuch von Rocío stammt. Es besteht für die Guardia Civil kein Zweifel, dass Rocío in diesem Auto weggebracht wurde, denn die Reifenspuren befinden sich auf den Blutspuren. Einige Tage später, nachdem das Verschwinden von Rocío bekannt geworden ist, meldet sich ein Taxifahrer, der angibt, an der Stelle, an der die Blutlache gefunden wurde, ein Auto mit aufgeblendeten Scheinwerfern, halb auf dem Gehsteig stehend, gesehen zu haben. Als er vorbeifuhr, habe er einen Schrei oder ein Kreischen gehört. Er habe auf die Uhr gesehen. Es sei 22 Uhr gewesen. Somit geht die Guardia Civil davon aus, dass es 22 Uhr war, als Rocío in ein Auto gezerrt wurde. Dieser Uhrzeit wird später noch wesentliche Bedeutung in Hinblick auf das Alibi der späteren Angeklagten zukommen.

Die Guardia Civil, unter der Leitung des Capitán Jesús García Fustel, der für seine Hartnäckigkeit bei der Spurensuche bekannt ist, lässt von Spezialisten aufgrund der Reifenspuren das Chassis des Autos errechnen und setzt sich mit allen Autoherstellern in Verbindung. Er kommt schließlich zu dem Ergebnis, dass es vermutlich ein Ford Fiesta war, der die Spuren hinterließ, und dass die Reifen mehr als sechs Jahre alt sein müssen und nicht mehr im Handel sind. Nun wird die ganze Gegend nach einem Ford Fiesta mit solchen Reifen durchkämmt. Ergebnislos. Daraufhin werden alle Autowerkstätten befragt, ob sie an einem Ford Fiesta neue Reifen montiert haben. Es findet sich keine Spur.

Vier Jahre später soll sich herausstellen, dass es tatsächlich ein Ford Fiesta war und dass die Nachforschungen des Ca-pitán García Fustel vielleicht doch nicht so akribisch waren wie angenommen.

Am 2. November 1999, also etwa drei Wochen nach dem Verschwinden von Rocío Wanninkhof Hornos, wird ihre Leiche, vollkommen nackt, etwa 30 Kilometer entfernt aufgefunden. Neben ihr stehen zwei schwarze Müllsäcke, wie sie in der Industrie und in der Kommunalverwaltung verwendet werden, in denen sich einige ihrer persönlichen Sachen und Kleidungsstücke befinden.

Überdies wird auf dem Boden, etwa zwei Meter von der Lei-che entfernt, ein Zigarettenstummel der englischen Marke Royal Crown gefunden, was später noch von entscheidender Bedeutung sein wird.

Die Suche konzentriert sich nun hauptsächlich auf die „britannicos" in der Umgebung, und derer gibt es nicht wenige. Nach Aussage der englischen Botschaft sind 180.000 registriert, und diese Zahl könne man noch mit fünf multiplizieren, meint eine Angestellte der englischen Botschaft. Die Costa del Sol ist quasi eine englische Kolonie. Mittlerweile gibt es fünf örtliche Radiosender auf Englisch und sieben Wochenzeitschriften. „Früher sind nur die Pensionisten gekommen", gibt die Botschaftsangestellte an, „jetzt kommen immer mehr die 30- bis 40-Jährigen, um hier zu arbeiten und Fuß zu fassen." Die Guardia Civil greift diesen Hinweis, der, wie sich vier Jahre später herausstellt, ins Schwarze getroffen hat, dankbar auf, durchkämmt alle englischen Pubs, Selfservice-Restaurants und Discos – ergebnislos. Keine Spur von einem Ford Fiesta und auch keine von einer Person, die Royal Crown raucht. Dafür erhält die Guardia Civil anonyme Hinweise, wonach Dolores Vázquez,

Rocío Wanninkhof Hornos

die frühere Lebensgefährtin von Rocíos Mutter, immer schon einen Hass auf Rocío gehabt habe, dass sie Rocío schon lange aus dem Weg räumen wollte und dass ihr Auto in der Nähe des Tatortes gesehen wurde. Dolores Vázquez fährt zwar keinen Ford Fiesta und raucht keine Royal Crown, aber dafür ist sie greifbar.

Schauen wir, ob sie gesteht

Am 7. September 2000, elf Monate nach dem Tod von Rocío Wanninkhof, wird Dolores Vázquez Mosquera, aufgrund einer Anzeige der Guardia Civil, in der ihre „Lügen" aufgezählt werden und sie als kalt, berechnend, cholerisch, eingebildet, gewalttätig und theatralisch bezeichnet wird, verhaftet. Eine Sensationsgeschichte: Eine Frau ermordet die Tochter ihrer früheren Lebensgefährtin. Die aufgebrachte Menge kann nur durch einen Großeinsatz von Guardia Civil und Policia Local davon abgebracht werden, die „Mörderin" zu lynchen. Gleich fünf Mann der Guardia Civil gehen in ihr Haus, um sie abzuführen. Hunderte laufende Kameras sind vor ihrem Haus postiert, als Dolores Vázquez in einem weißen Sommerkleid, in Handschellen an einen Beamten der Guardia Civil gekettet, aus dem Haus tritt und über den Zaun zur Nachbarin sagt: „Marie, schau ein wenig auf meine Mutter", als würde sie nur rasch zum Einkaufen gehen. Sie wirkt gelassen. „Eiskalt", laut Fernsehsprecher, der diese Szene kommentiert.
„Loli", so eine Freundin später, „war immer ,very british', ihre Art zu leben war sehr englisch und auch ihre Selbstdisziplin, ihre Anforderungen an sich selbst und an andere und auch ihre Erziehung. Wenn jemand dem nicht gerecht wurde,

konnte sie sehr hart sein, aber ich bin auch so, und deswegen bin ich noch keine Mörderin."

Der Strafverteidiger Pedro Apalategui hat eine Nachricht auf seinem Anrufbeantworter. Ein Kollege fragt an, ob er eine gewisse Dolores Vázquez verteidigen will. Apalategui antwortet nicht, es ist Samstag und er ist gerade von einer Reise zurückgekehrt. Am Abend dreht er den Fernseher auf und sieht zufällig einen ausführlichen Bericht über die Verhaftung. Es wird gezeigt, wie Dolores Vázquez in Handschellen die Treppe vor ihrem Haus hinuntergeht. In den Kommentaren wird davon ausgegangen, dass sie schuldig ist, es wird jedoch über keinen einzigen Beweis ihrer Schuld berichtet. Einem Sprecher der Guardia Civil entschlüpft der Satz „Vamos a ver si confiesa" – schauen wir, ob sie gesteht. „Mich hat das derartig in Erstaunen versetzt, dass ich beschloss, das Mandat anzunehmen", erinnert sich Apalategui. „Es handelte sich um einen Mord an einer Jugendlichen, deren Familie hier sehr verwurzelt und sehr einflussreich ist, es war ein Fall, der großes Aufsehen erregt hat, und es war fast ein Jahr vergangen, ohne dass die Ermittlungen irgendeinen Erfolg gebracht hatten. Sie wurden nervös in den oberen Hierarchien und übten Druck auf die Ermittler aus. Es öffnete sich das Tor der Unbesonnenheit. Überdies handelte es sich um eine Lesbe, und das Alibi gab nicht viel her: Sie war angeblich zu Hause mit ihrer gelähmten Mutter und der eineinhalbjährigen Tochter ihrer Nichte."

Einige Ungereimtheiten werden als ihre Lügen bezeichnet und als Indizien für ihre Schuld gewertet: Dolores Vázquez bestreitet, Müllsäcke von der Art, wie sie neben der Leiche gefunden wurden, zu haben, eine Hausangestellte sagt jedoch, dass solche Müllsäcke im Haus von Dolores Vázquez verwendet werden.

Nach der Aussage eines Zeugen hat Dolores Vázquez wiederholt erzählt, dass sie beim Joggen immer ein Messer bei sich trage, „für den Fall, dass etwas passiert". Dolores Vázquez bestreitet, beim Joggen ein Messer bei sich zu tragen.

Dolores Vázquez behauptet, in der Mordnacht das Haus nicht verlassen zu haben. Ein Kellner in der Bar gegenüber sagt aus, sie habe Zigaretten gekauft und sei sehr aufgeregt gewesen.

Dolores Vázquez hatte eine Hausangestellte aus der Ukraine, mit der sie eine Auseinandersetzung hatte, weil die Angestellte den Tee für die Mutter kalt werden gelassen hatte. Die Hausangestellte habe gesagt, „No problema", worauf Dolores Vázquez gesagt habe, „Si problema, mi problema", und ein Foto von Rocío genommen habe, nämlich jenes, das bei der Suche nach ihr verwendet wurde, und mit dem Messer auf das Foto einstach. Dies sei zwei Tage, bevor die Leiche gefunden wurde, passiert, sagt die Hausangestellte, sie räumt jedoch ein, dass es auch nach dem Auffinden der Leiche gewesen sein könne. Dolores Vázquez bestreitet den Vorfall.

Ein roter Toyota, in dem zwei junge Männer sitzen, wird einen Tag nach dem Mord am Tatort gesehen. Der Tatort steht unter der Beobachtung der Guardia Civil. Die beiden Männer bemerken dies offenbar und drehen um. Das Auto gehört Dolores Vázquez. Diese bestreitet jedoch, das Auto jemandem geliehen zu haben.

Das blutige Papiertaschentuch, das am Tatort gefunden wurde, ist für die Guardia Civil der Beweis dafür, dass Rocío ihren Mörder oder ihre Mörderin kannte. Sie hätte sich sonst nicht das Blut abgewischt, sondern wäre weggelaufen. Überdies sagt ihre Freundin, Rocío habe nie Papiertaschentücher bei sich gehabt. Also muss ihr jemand, vermutlich die Person, die ihr den Schlag versetzt hat, das Taschentuch gegeben haben.

Die Galizierin

Aus der Wählerevidenz der Provinz Malaga werden dreißig Personen als KandidatInnen für die Geschworenenbank ausgesucht. Für gewöhnlich führen viele der ausgesuchten Personen irgendwelche Gründe an, warum sie unabkömmlich seien. Diesmal sind alle abkömmlich. Alle wollen in diesem Prozess, in dem Dolores Vázquez als mutmaßliche Mörderin vor Gericht steht, Geschworene sein. Nach der Verlosung und der Befragung und Ausscheidung von KandidatInnen durch Anklage und Verteidigung bleiben fünf Männer und vier Frauen übrig, die über Schuld oder Nichtschuld entscheiden werden. Der Prozess ist für zwei Wochen angesetzt.

Der Staatsanwalt walzt bereits in seinem Eröffnungs-7plädoyer die Lebensgemeinschaft zwischen Dolores Vázquez und Alicia Hornos und die „Vaterrolle", die Dolores Vázquez angeblich zukam, bis ins kleinste Detail aus. Er bezeichnet die Angeklagte, die aus Galizien, einer nördlichen Provinz Spaniens, stammt, mehrmals als „la gallega" – die Galizierin – und ihren Charakter als „typisch galizisch".

Der Privatbeteiligtenvertreter, also der Anwalt, der die Mutter des Opfers vertritt, ist in seinen Ausführungen weniger xenophob. Er legt all seine Überzeugungskraft auf die Beschreibung des über viele Jahre gewachsenen „blinden Hasses", der Dolores dazu getrieben habe, auf Rocío einzustechen, als sich unerwartet eine günstige Gelegenheit bot.

Da es keine TatzeugInnen gibt, konzentriert sich die Beweisaufnahme in erster Linie auf die AlibizeugInnen.

Die Nichte von Dolores Vázquez bestätigt, dass sie am 9. Oktober mit ihrem Mann und ihrer kleinen Tochter bei

Dolores zu Besuch war. Sie aßen gemeinsam zu Mittag, und die Nichte fuhr dann am Abend gegen 21 Uhr mit ihrem Mann zu einer Freundin; die kleine Tochter blieb in der Obhut von Dolores Vázquez. Die Freundin bestätigt, dass die Nichte mit ihrem Mann und ohne Tochter bei ihr war.

Dolores Vázquez sagt aus, dass sie den ganzen Abend zu Hause war und nur einmal kurz wegging, um Zigaretten zu kaufen. Für sie sei das kein Widerspruch zu ihrer früheren Aussage, weil sie ja nur in die Bar gegenüber ging.

Es wird ein Schreiben der „telefonica", des öffentlichen Fernsprechunternehmens, vorgelegt, wonach Dolores Vázquez an jenem Tag zwischen 22.34 und 23.19 Uhr mehrere Telefonate geführt hat.

Aber auch TatzeugInnen werden gehört, wenn auch nur „indirekte".

Die Hausangestellte schildert und zeigt eindrucksvoll vor Gericht, wie Dolores Vázquez mit dem Messer auf das Bild von Rocío eingestochen hat.

Unter anderem sagt auch eine Wahrsagerin, „la bruja" – die Hexe – genannt, aus, dass Dolores sie aufgesucht und von Racheplänen gesprochen habe. Dolores Vázquez bestreitet dies.

Sowohl die Ausführungen des Staatsanwaltes als auch die des Privatbeteiligtenvertreters in ihren Schlussvorträgen enthalten lediglich Vermutungen und Angriffe auf die persönliche Integrität der Angeklagten, Beschreibungen des angeblich schlechten Verhältnisses zwischen Dolores und Rocío sowie Vermutungen, wie sich die Tat zugetragen haben könnte. Aus diesem Grund ist sich der Verteidiger Pedro Apalategui fast ganz sicher, dass der vorsitzende Richter von seinem Recht, die Geschworenen zu entlassen und die Angeklagte mangels

Dolores Vázquez

eines Beweises ihrer Schuld freizusprechen, Gebrauch machen wird. Diese Bestimmung wurde in das Gesetz aufgenommen, um einer großen Gefahr, die der Geschworenenprozess in sich birgt, zu begegnen, nämlich dem überraschenden Wahrspruch.

Als der Verteidiger mit dem Richter in einem informellen Gespräch in der Verhandlungspause diese Möglichkeit erwähnt und der Richter keinerlei dahingehendes Signal gibt, entscheidet sich der Verteidiger, keinen dahingehenden offiziellen Antrag zu stellen, da er fürchtet, dass die Ablehnung des Antrags die Geschworenen in einer Weise beeinflussen könnte, die nicht in seinem Sinn ist.

Der Vorsitzende schickt die Geschworenen nicht nach Hause und verkündet keinen Freispruch, sondern formuliert die den Geschworenen zur Auswahl vorzulegenden Darstellungen des Sachverhaltes, das sogenannte „objeto del veredicto", und zwar gemäß den Anträgen der Parteien, also Staatsanwalt, Privatbeteiligten und Verteidigung.

Da ohne Kenntnisse des Inhalts des „objeto del veredicto" nicht nachvollziehbar ist, wie die Geschworenen zu ihrem Wahrspruch gekommen sind, wird der Inhalt auf den nächsten Seiten wiedergegeben.

1) ERWIESENE ODER NICHT ERWIESENE SACHVERHALTE

A) SACHVERHALT GEMÄSS STAATSANWALTSCHAFT, PRIVATANKLÄGERIN UND VERTEIDIGUNG

Die Angeklagte Dolores Vázquez Mosquera lernte im Jahr 1981 Alicia Hornos Lopez kennen, die im Begriff war, sich von ihrem Mann, Guillermo Wanninkhof, mit dem sie die drei Kinder Rosa Blanca, Rocío und Guillermo hatte, scheiden zu lassen. Zwischen den beiden entwickelte sich eine intime Beziehung, die zu einer Lebensgemeinschaft zusammen mit den Kindern von Alicia führte und über zehn Jahre aufrecht blieb, sich noch mehr oder weniger kontinuierlich bis 1995 fortsetzte, dann aber beendet wurde. Alicia Hornos zog mit ihren Kindern in ein anderes Haus, das sich jedoch in der Nähe befand.
Handschriftlicher Vermerk: Einstimmig angenommen.

B) NACHTEILIGER SACHVERHALT GEMÄSS STAATSANWALTSCHAFT UND PRIVATANKLÄGERIN

ERSTENS. Im Pubertätsalter entstand bei Rocío Abneigung gegen Dolores wegen der Strafen, die sie von ihr bekam, und weil Rocío die Art der Beziehung, die ihre Mutter mit Dolores hatte, ablehnte, und auch wegen des Umstands, dass Dolores ihrer Mutter Geld schuldete. Auch Dolores entwickelte im Laufe der Zeit Abneigung und Hass gegenüber Rocío.

Handschriftlicher Vermerk: Sieben Stimmen angenommen, zwei Stimmen nicht.

ZWEITENS. Die Angeklagte Dolores Vázquez Mosquera, die von Hass gegen Rocío Wanninkhof Hornos erfüllt war, da diese ihrer Meinung nach schuld daran war, dass die Beziehung mit der Mutter von Rocío in die Brüche ging, traf, als sie mit einer Stichwaffe ausgerüstet in der Umgebung ihres Hauses einen Spaziergang machte, auf Rocío Wanninkhof Hornos, die auf dem Weg nach Hause war. Es ergab sich eine Diskussion, die Dolores so in Wut brachte, dass sie Rocío einen Schlag versetzte, der eine Blutung auslöste und Rocío veranlasste, sich mit einem Taschentuch vom Blut zu reinigen, worauf Dolores ihr einen Messerstich in die Brust versetzte. Rocío versuchte, eine Blutspur hinterlassend, in Richtung Esplanade zu fliehen, fiel schwer verletzt mit dem Gesicht nach unten zu Boden, wo die Angeklagte, die sie verfolgt hatte, ihr acht Messerstiche in den Rücken versetzte, um sicherzugehen, dass sie tot war. Nachdem sie dies festgestellt hatte, besorgte sie sich ein nicht identifiziertes Fahrzeug und brachte die Leiche in ihr Haus, wo diese einige Tage verblieb. Nach einigen Tagen brachte sie die Leiche allein oder zusammen mit unbestimmten anderen Personen zum Tennisclub in der Nähe vom Marbella, wo sie die unbekleidete Leiche ins Gebüsch legte. Einige Tage, bevor die Leiche gefunden wurde, brachte die Angeklagte, oder jemand in ihrem Auftrag, einige Plastiksäcke, die die Kleidung von Rocío enthielten, an diesen Ort, um das Auffinden der Leiche zu erleichtern.
Handschriftlicher Vermerk: Sieben Stimmen angenommen, zwei Stimmen nicht.

DRITTENS. Die Angeklagte übte den oben beschriebenen Angriff, der aus einem Messerstich in die Brust bestand und der dadurch ausgelöst wurde, dass Rocío das Geld forderte, das Dolores ihrer Mutter schuldete, unter Ausnützung des Umstandes, dass der Angriff für das Opfer völlig unerwartet kam und dass das Opfer sich daher im Zustand der Wehrlosigkeit befand, aus.

Handschriftlicher Vermerk: Sieben Stimmen angenommen, zwei Stimmen nicht.

C) VORTEILHAFTER SACHVERHALT GEMÄSS VERTEIDIGUNG

ERSTENS. Zwischen der Angeklagten Dolores Vázquez Mosquera und der jungen Rocío Wanninkhof Hornos bestand Abneigung und Gleichgültigkeit, jedoch kein Hass, wie in den vorausgehenden Absätzen beschrieben.

Handschriftlicher Vermerk: Zwei Stimmen angenommen, sieben Stimmen nicht.

ZWEITENS. Am Nachmittag des 9. Oktober 1999 besuchten die Nichte der Angeklagten, Begoña, deren Mann und deren etwa zweijährige Tochter die Angeklagte Dolores Vázquez Mosquera. Sie wollten bei ihr die Nacht verbringen und sich am nächsten Tag um die Mutter der Angeklagten kümmern, damit die Angeklagte zur Hochzeit des Sohnes von Jorge Luis, dem Besitzer der Bar Oasis, die sich gegenüber dem Haus der Angeklagten befindet und von dieser häufig frequentiert wurde, gehen konnte. Etwa um 20 Uhr fuhren Begoña und ihr Mann in die Stadt Malaga zu einer Freundin von Begoña, um dort zu essen und den Abend zu verbringen. Die Angeklagte blieb zur Betreuung ihrer alten und kranken Mutter und der kleinen Tochter ihrer Nichte zu Hause. Die Nichte und ihr Mann kehrten um 1 Uhr nachts zurück. Dolores Vázquez ging nur kurz weg, um Zigaretten in der Bar Oasis zu kaufen.

Handschriftlicher Vermerk: Zwei Stimmen angenommen, sieben Stimmen nicht.

DRITTENS. Die junge Rocío Wanninkhof Hornos, die am 9. Oktober 1999 bis 21.30 Uhr im Haus ihres Freundes Antonio war, wurde auf dem Heimweg von einer unbekannten Person, oder mehreren unbekannten Personen, überfallen, wobei ihr mit einer Stichwaffe so schwere Verletzungen zugefügt wurden, dass diese zum Tode führten. Die Leiche wurde vermutlich in einem Auto, dessen Reifenspuren neben einer großen Blutlache gesehen wurden, zu dem oben beschriebenen Ort gebracht und nackt auf den Boden gelegt. Einige Meter daneben wurden Plastiksäcke mit persönlichen Gegenständen und Kleidung Rocíos gelegt.

Handschriftlicher Vermerk: Zwei Stimmen angenommen, sieben Stimmen nicht.

2. SCHULD ODER NICHTSCHULD

ERSTENS. Die Angeklagte Dolores Vázquez Mosquera ist schuldig des einfachen Mordes an Rocío Wanninkhof Hornos.

Handschriftlicher Vermerk: Zwei Stimmen angenommen, sieben Stimmen nicht.

ZWEITENS. Die Angeklagte Dolores Vázquez Mosquera ist schuldig des Mordes unter Anwendung besonderer Hinterlist an Rocío Wanninkhof.

Handschriftlicher Vermerk: Sieben Stimmen angenommen, zwei Stimmen nicht.

Dass an die Geschworenen auch die Frage gestellt wurde, ob „homicidio", also einfacher Mord, oder „asesinato", also Mord unter Anwendung von besonderer Hinterlist, vorliegt, ist erstaunlich. Es handelt sich hierbei um Rechtsfragen, über die Geschworene nicht zu entscheiden haben, sondern es hat der Richter aufgrund des Sachverhaltes, für den sich die Geschworenen entschieden haben, die rechtliche Qualifikation vorzunehmen. Im gegenständlichen Fall haben die Geschworenen mit sieben Ja-Stimmen die Frage, ob der Angriff unter Ausnützung der Wehrlosigkeit erfolgte – was offenbar die Hinterlist beschreiben sollte –, beantwortet. Auf diesem Sachverhalt basierend, hätte der Richter wohl selbst die rechtliche Qualifikation vornehmen müssen. So hat der Oberste Gerichtshof in einem Judikat aus dem Jahr 2001 mit nicht zu überbietender Deutlichkeit ausgesprochen: „Die Geschworenen haben sich nur über Tatsachen auszusprechen und nicht, ob ‚asesinato' oder ‚homicidio' oder ‚homicidio con dolo eventual' oder ‚homicidio imprudente' vorliegt."

Der Wahrspruch und das Urteil

Um 19.45 Uhr des 20. September 2001 verkündet der Sprecher der Geschworenen die Entscheidung. Er ist offensichtlich nervös. „Schuldig des einfachen Mordes", sagt er. „Nicht schuldig", verbessert er sich. Raunen im Saal. Der Sprecher setzt erneut an: „Nicht schuldig des einfachen Mordes, schuldig des Mordes unter Anwendung besonderer Hinterlist." Das schlechtestmögliche Ergebnis.

Wie schon weiter oben ausgeführt, muss in Spanien der Wahrspruch der Geschworenen begründet werden.

Im Fall der schuldig gesprochenen Dolores Vázquez war die Begründung des Wahrspruches nicht recht aufschlussreich, haben die Geschworenen ihre Entscheidung doch in der Weise „begründet", dass sie Beweismittel aufgezählt haben, und zwar:

Aussage von Doña Alicia, Hauptverhandlungsprotokoll Seiten 653 bis 655,
Aussage der Beamten der Guardia Civil, Hauptverhandlungsprotokoll Seiten 690 bis 708,
Gutachten des Sachverständigen für Psychologie, Hauptverhandlungsprotokoll Seiten 764 bis 769,
Gutachten des Sachverständigen für Medizin, Hauptverhandlungsprotokoll Seiten 726 bis 738,
Aussage von Doña Encarnación, Hauptverhandlungsprotokoll Seiten 682 bis 684,
Aussagen von Don Antonio, Hauptverhandlungsprotokoll Seiten 386 bis 413 und 467 bis 469.
Nach der öffentlichen Verlesung des Wahrspruchs hat der

Vorsitzende den Parteien das Wort zu erteilen, damit diese ihre Anträge hinsichtlich der zu verhängenden Strafe stellen können. Dies führt zu der etwas paradox anmutenden Situation, dass die Verteidigung, auch wenn sie auf Freispruch plädiert hat, nunmehr einen Antrag hinsichtlich des Ausmaßes der Strafe zu stellen hat, da in diesem Stadium des Verfahrens, basierend auf dem Wahrspruch der Geschworenen, von der Schuld der Angeklagten auszugehen ist. Der Richter ist an die Anträge der Parteien nicht gebunden und entscheidet über das Strafausmaß alleine.

Dolores Vázquez Mosquera wir am 25. September 2001 zu 15 Jahren Freiheitsentzug, zu 100.000 Euro Schadenersatz und zur Übernahme der Kosten des Verfahrens verurteilt.

Der Vorsitzende kommt seiner Verpflichtung, „die Belastungsbeweise in seinem Urteil zu konkretisieren", nicht nach, sondern übernimmt in seinem Urteil nur die Aufzählung der Beweismittel.

Dolores Vázquez erhebt „recurso" wegen Verletzung der rechtlich gebotenen Unschuldsvermutung und wegen mangelhafter Begründung, und zwar sowohl des Wahrspruchs der Geschworenen als auch des vom vorsitzenden Richter verfassten Urteils.

Die höheren Instanzen

Der Tribunal Superior de Justicia de Andalucia hebt das Urteil des Erstgerichts am 1. Februar 2002 wegen mangelhafter Begründung auf.

Dolores Vázquez wird am 8. Februar 2002, nachdem sie fast eineinhalb Jahre inhaftiert war, gegen Zahlung einer Kaution in Höhe von 30.000 Euro und der Auflage, sich jeden Montag bei Gericht zu präsentieren, vorläufig enthaftet.

Der Oberste Gerichtshof bestätigt die Entscheidung. Rekurse der Staatsanwaltschaft und der Privatbeteiligten bleiben erfolglos.

Die Begründung (auszugsweise) lautet:

„Aufgrund des Umstands, dass es weder Tatzeugen noch Zeugen der Verbringung der Leiche gab, hatten die gehörten Zeugen keinen direkten Bezug zum Sachverhalt, sondern konnten nur indirekt zur Klärung des Sachverhaltes beitragen. Deshalb hätten die Geschworenen konkretisieren müssen, was von den von ihnen aufgezählten Zeugenaussagen sie veranlasst hat, zu dem Schluss zu kommen, dass die Angeklagte die Tat begangen hat, und warum. Die Geschworenen hätten dies in einfachen Worten tun können, in der ihnen vertrauten Umgangssprache, die jeder/jede von den Geschworenen verwenden würde, wenn ihn/sie jemand nach den Gründen seiner Überzeugung fragen würde, welche ja zweifellos bestehen und auch verbalisierbar sein mussten, da es ja eine Beratung und in der Folge eine Entscheidung zu der betreffenden Frage gab (...). Der Vorsitzende ist seiner Verpflichtung, die Belastungsbeweise zu konkretisieren, nicht nachgekommen. Aufgrund des Umstands, dass der von den Geschworenen übermittelte Wahrspruch den vorsitzenden Richter nicht in die Lage versetzte, ein den gesetzlichen Erfordernissen entsprechendes Urteil zu verfassen, hätte dieser den Geschworenen den Wahrspruch zurückgeben müssen mit dem Auftrag, diesen zu verbessern, und hätte den Geschworenen erklären müssen, dass es nicht genügt, die Beweismittel aufzuzählen, sondern dass es notwendig ist, die ‚Überzeugungselemente‘ zu konkretisieren und darzulegen, warum ein Sachverhalt als erwiesen angenommen wird."

José Antonio Martin Pallin, der Präsident des aus fünf Richtern bestehenden Senats beim Obersten Gerichtshof, ging mit der Meinung seiner Amtskollegen nicht konform und tat dies in einem sehr umfangreichen „voto particular" kund, der auszugsweise lautet: „Der Versuch, das angelsächsische Modell mit der in der Verfassung auferlegten Verpflichtung, Gerichtsurteile zu begründen, in Einklang zu bringen, erfordert einen gehörigen Aufwand an Fantasie und Flexibilität, was sich im Wortlaut des Art. 61.1 des Geschworenengerichtsgesetzes wiederspiegelt, wenn es dort heißt, dass die Geschworenen darzulegen haben, welche Überzeugungselemente sie dazu veranlasst haben, die vorausgehenden Erklärungen abzugeben, und es dort heißt: ‚Dieser Absatz hat eine kurze Erläuterung der Gründe, die dazu geführt haben, einen Sachverhalt als erwiesen oder nicht erwiesen anzusehen, zu enthalten.' In Anbetracht des Wortlauts des gesetzlichen Auftrags ist es nicht weiter verwunderlich, dass in der Mehrheit der gegen Urteile der Geschworenengerichte eingebrachten Rechtsmittel mangelhafte Begründung geltend gemacht wird, was zu einer reichhaltigen Rechtsprechung zu diesem Thema geführt hat, in welcher überwiegend die Meinung vertreten wird, dass die Anforderungen an die von den Geschworenen vorzunehmende

Erläuterung der Gründe nicht überzogen werden dürfen, weil sonst die Mehrheit der Wahrsprüche der Bürgerinnen und Bürger, die ihre gesetzliche Verpflichtung zur Teilnahme an der Rechtsprechung erfüllt haben, die ihre Zeit geopfert und dem Verfahren all ihre Aufmerksamkeit gewidmet haben, zunichte gemacht werden müsste. In dem hier zugrunde liegenden Fall hat das Berufungsgericht ausgesprochen, dass die Aufzählung der Beweismittel keinen Aufschluss darüber gibt, was die Gründe dafür waren, dass die Geschworenen die Täterschaft der Angeklagten Dolores Vázquez Mosquera als erwiesen ansahen. Es hätte jedoch meiner Ansicht nach nur einer kleinen Ergänzung durch den Richter in dem von ihm verfassten Urteil bedurft, um deutlich zu machen, auf welche Belastungsbeweise sich die Geschworenen bei ihrer Entscheidung gestützt haben bzw. welche Entlastungsbeweise sie verworfen haben. Ich bin daher der Auffassung, dass die Berufung der Angeklagten abzuweisen und das Urteil des Geschworenengerichtes zu bestätigen ist."

Soweit die abweichende Meinung von Martin Pallin.

Am 14. Oktober 2003 soll der Prozess neu durchgeführt werden – mit anderen Geschworenen. Dazu wird es aber nicht kommen.

Tony King

Sonia Carabantes

Am 10. August 2003 verschwindet die 17-jährige Sonia Carabantes aus Coin, das ganz in der Nähe von Mijas liegt. Es
findet an diesem Tag, wie auch an dem Tag, an dem Rocío
Wanninkhof Hornos verschwand, ein Straßenfest statt. Die
Guardia Civil sucht die Gegend ab. Hunderte von Freiwilligen beteiligen sich an der Suche. Zunächst ergebnislos. Fünf
Tage später wird die Leiche von Sonia Carabantes, die Spuren schwerer Misshandlungen aufweist, in einem Gestrüpp
aufgefunden. Von dem Täter keine Spur. Das Blut unter den
Fingernägeln von Sonia Carabantes ist für eine DNA-Analyse
nicht zu verwenden, weil es mit ihrem eigenen Blut vermengt
ist. Am Tatort wird ein von einer Stoßstange abgebrochenes
Stück eines Reflektors gefunden, auf dem sich Blut befindet.
Das Blut auf dem abgebrochenen Teil stammt nicht von Sonia, also stammt es vermutlich vom Täter. Als die Polizisten
die Daten in den Computer eingeben, erleben sie so etwas wie
die Sternstunde eines Polizisten: Die Person, die Spuren von
Blut an dem abgebrochenen Teil des Reflektors hinterließ,
ist mit jener identisch, die an der Stelle, an der die Leiche
von Rocío Wanninkhof gefunden wurde, eine Zigarette der
Marke Royal Crown geraucht hat.

Als kurz darauf der in Alhaurin, das ebenfalls ganz in
der Nähe von Mijas liegt, als Kellner arbeitende Engländer
Tony King seine siebenjährige Tochter von seiner früheren
Lebensgefährtin Cecilia Pantoja abholt, bemerkt sie an ihm
Kratzspuren und eine verbundene Hand. Sie schöpft Verdacht
und teilt dies einer Freundin mit. Die Freundin rät ihr, zur
Polizei zu gehen, aber Cecilia Pantoja scheut sich davor. Der
Zufall will es, dass die Freundin mit einem Polizisten gut

bekannt ist, und sie erzählt es ihm. Die Sache kommt in Bewegung.

Im Kofferraum und auf dem Rücksitz des Autos von Tony King wird Blut gefunden, das von Sonia Carabantes stammt. Nun wird auf einem Schrottplatz auch der Ford Fiesta gefunden, den die Guardia Civil vier Jahre vorher so verzweifelt gesucht hat. Tony King hatte ihn zum Zeitpunkt des Verschwindens von Rocío Wanninkhof von einem Freund geliehen.

In weiterer Folge stellt sich heraus, dass das spanische Innenministerium bereits 1998 von den zuständigen Behörden Großbritanniens gewarnt wurde: Bei dem in Malaga lebenden Tony King handelt es sich um Tony Browming, den gefürchteten „Würger von Holloway", der in England neun Jahre inhaftiert war, nach Abbüßung seiner Strafe den Namen geändert und kurz nach seiner Entlassung aus dem Gefängnis wieder eine Frau überfallen hat. Eine Überwachungskamera hatte den Vorfall gefilmt. Als die Polizei ihn festnehmen wollte, war er bereits an der Costa del Sol. Das Opfer, eine ungarische Studentin, reiste wieder nach Ungarn, und so wurden die Ermittlungen eingestellt, der Fall wurde nicht weiter verfolgt. Die spanischen Behörden wurden jedoch darüber informiert, dass „der in Malaga lebende Tony King eine große Gefahr für die weibliche Bevölkerung darstellt". Das Innenministerium gab die Information anscheinend nicht an die örtlich zuständigen Stellen weiter. Sowohl Guardia Civil als auch Policia Local in Malaga bestreiten, einen Hinweis bekommen zu haben.

Und noch ein Hinweis war unbeachtet geblieben, wie sich in weiterer Folge herausstellt: Cecilia Pantoja, die frühere Lebensgefährtin von Tony King alias Browming, hatte angeblich schon nach dem Verschwinden von Rocío Wanninkhof Verdacht geschöpft, weil sein Hemd und seine Hose voller Blut waren und weil sie, wie sie später vor Gericht aussagte, „einfach die Intuition hatte, dass er der Mörder von Rocío Wanninkhof war". Tony King erklärte das Blut an seiner Kleidung ihr gegenüber damit, dass er einen Autounfall gehabt habe, dies erschien ihr aber wenig glaubwürdig. Cecilia Pantoja teilte ihren Verdacht – informell – der Guardia Civil mit, was aber anscheinend nicht weiter beachtet wurde.

Die traditionelle Feindschaft zwischen Guardia Civil und Policia Local bekommt neue Nahrung. „Allem Anschein nach hat es Cecilia der Guardia Civil erzählt, aber die haben dem keine Beachtung geschenkt", sagt ein Polizist vom Polizeikommissariat in Fuengirola. Der zweite Hinweis, jener nach dem Verschwinden von Sonia Carabantes, landet bei der Policia Local, und die schenkt dem Hinweis Beachtung. Fünf Beamte der Policia Local kommen zum Einsatz und überführen Tony King. Er legt ein volles Geständnis ab – sowohl hinsichtlich des Mordes an Rocío Wanninkhof als auch hinsichtlich des Mordes an Sonia Carabantes –, was die Beamten der Guardia Civil wiederum veranlasst, sich zu beschweren, dass die Polizei sich in ihre Ermittlungen einmischt. Der Polizist in Fuengirola kommentiert dies so: „Die von der Guardia Civil haben keinen Kontakt zu den Bürgern. Wir investieren viel Zeit dafür. Manchmal ernten wir die Früchte. Aber mit der Guardia Civil zusammenzuarbeiten, ist unmöglich, das haben wir bei den Ermittlungen im Fall Wanninkhof versucht, aber die sagten, dass alles von Madrid ausgeht, und das war's dann."

Er war es nicht alleine ...

Weitere gegenseitige Schuldzuweisungen lassen nicht auf sich warten: Der Generalsekretär der PSOE fordert den damaligen Innenminister Mariano Rajoy öffentlich auf, zu erklären, was mit dem „Bericht King" geschah, und kritisiert die Koordination zwischen Guardia Civil und Policia Local. Der Regierungssprecher Eduardo Zaplana zeigt sich über die Vorwürfe der Oppositionspartei verärgert. Er erklärt, diese entbehrten jeglicher Grundlage, und weist darauf hin, dass jährlich 7.500 Berichte in der Art, wie es der „Bericht King" war, eingingen, dass weder die Auslieferung noch die Festnahme des Tony King beantragt wurde und dass – was das Wichtigste sei – schließlich zwei schwere Verbrechen aufgeklärt werden konnten, während unter der sozialistischen Regierung eine ganze Serie von Verbrechen unaufgeklärt geblieben sei. Der amtierende Justizminister José Maria Michavila von der PP erklärt, die Geschworenen hätten den Irrtum zu verantworten, und weist darauf hin, dass die Berufsrichter den Irrtum ja korrigiert hätten. Die PSOE kontert, er übersehe wohl, dass es die Berufsrichter waren, die Frau Vázquez 17 Monate lang inhaftiert hielten. Die PP nimmt den Fall zum Anlass, wieder einmal die Abschaffung des Geschworenenprozesses zu fordern, und plädiert für ein System, in dem Berufsrichter und Laienrichter gemeinsam beraten. Die PSOE behauptet, die Guardia Civil, die die Ermittlungen geführt hat, und das Innenministerium seien schuld. Sie will am Geschworenenprozess festhalten und begründet dies damit, dass in dem von der PP vorgeschlagenen System sich immer die Berufsrichter durchsetzen würden. Gimeno Sendra, Universitätsprofessor, ehemaliger Verfassungsrichter und Verfasser einer Vielzahl von Büchern, wünscht sich eine „Desideologisierung" der Institution, „weil zu vermeiden ist, dass der Geschworenenprozess als ein Modell der Linken und das gemischte System als eines der Rechten angesehen wird. Vielmehr ist zu prüfen, welches System mehr Rechtssicherheit bietet."

Bei einem kurz danach stattfindenden Geschworenenprozess in Barcelona ermuntert der Staatsanwalt die Geschworenen in seinem Schlussplädoyer mit den Worten: „Haben Sie keine Angst, Sie sind nicht allein. Sowohl der Tribunal Superior als auch der Tribunal Supremo können ihren Wahrspruch aufheben, so wie in dem Fall in Malaga."

Am 14. November 2005 wird der Mord an Sonia Carabantes vor einem Geschworenengericht in Malaga verhandelt. Tony King widerruft sein Geständnis mit der Behauptung, er sei von den Polizisten geschlagen worden. Dessen ungeachtet wird er einstimmig wegen Mordes sowie wegen Freiheitsentzug und „agresión sexual" schuldig gesprochen. Er wird zu insgesamt 36 Jahren Freiheitsentzug verurteilt.

Am 20. November 2006 steht Tony King wegen des Mordes an Rocío Wanninkhof vor einem Geschworenengericht in Malaga. Auch dieses Geständnis hat er mittlerweile widerrufen und behauptet, „la puta" – die Hure – Dolores Vázquez habe den Mord begangen, und zwar im Auto. Er sei nur daneben gesessen.

Der Prozess beginnt mit einem Eklat. Als der vorsitzende Richter, José Maria Muñoz Caparrós, der Tony King ein Jahr zuvor wegen des Mordes an Sonia Carabantes verurteilt hat und ihn wie einen alten Bekannten grüßt, ihn fragt, ob er gedenke, auf die Fragen des Staatsanwalts zu antworten, unterbricht Tony King den Richter und schreit: „Dieser Richter ist ein Verbrecher, dieser Staatsanwalt ist ein

Verbrecher und die von der Guardia Civil sind Verbrecher." Als der Privatbeteiligtenvertreter ihn zur Ordnung ruft und sagt, er möge den Richter und den Staatsanwalt nicht beschimpfen, schreit Tony King: „Das sind keine Beschimpfungen, das ist die Wahrheit." Der Richter daraufhin gelassen: „Man möge dies im Protokoll festhalten und den Angeklagten entfernen." Die Verhandlung wird am nächsten Tag fortgesetzt.

Tony King wird von den Geschworenen einstimmig wegen Mordes an Rocío Wanninkhof schuldig gesprochen, allerdings mit dem Zusatz: „Er war es nicht allein." Zu diesem Schluss kamen die Geschworenen insbesondere auf Grund des Papiertaschentuchs, das am Tatort gefunden wurde und das mit dem Blut des Opfers befleckt war. Laut Wahrspruch der Geschworenen muss dieses Taschentuch Rocío Wanninkhof von einer Person gegeben worden sein, die sie gekannt hat. Und die Mutter des Opfers behauptet nach wie vor, dass Dolores Vázquez die Mörderin war. „Agresión sexual" konnte laut Wahrspruch der Geschworenen nicht festgestellt werden. Tony King wird zu 19 Jahren Freiheitsentzug verurteilt.

Die Staatsanwaltschaft lässt verlauten, dass das Verfahren gegen Dolores Vázquez Mosquera nur dann weiter verfolgt wird, wenn neue Beweise gegen sie auftauchen.

Und der Ausspruch eines Richters in Malaga lautet: „Nur Gott weiß, bei wie vielen Urteilen wir uns geirrt haben."

Katharina Rueprecht

Der Fall Yaiza

Dieser Fall, der sich in Gran Canaria zugetragen hat, macht deutlich, wie schwierig oder geradezu unmöglich es ist, Rechtsfragen von Tatfragen zu trennen, und weiters, dass die Laienrichter gewisse Rechtsfragen einfach nicht verstehen können, weil sie nicht die nötige Ausbildung dazu haben. Dies ist wohl auch der Grund dafür, dass die Geschworenen, wie der spanische Oberste Gerichtshof wiederholt ausgeführt hat, ausschließlich über Tatfragen und nicht über Rechtsfragen zu entscheiden haben. Was aber mitunter gar nicht so leicht zu trennen ist, was dieser Fall gezeigt hat.

Der Fall aus Las Palmas de Gran Canaria ist auch ein Beispiel dafür, dass die Geschworenen sehr oft glauben, was der Angeklagte sagt, obwohl Fakten dafür sprechen, dass er nicht die Wahrheit sagt. Vielleicht ist dies deshalb der Fall, weil sie bewusst oder unbewusst der Meinung sind, „bei Gericht muss man die Wahrheit sagen", und vermutlich nicht wissen, dass der Angeklagte nicht unter Wahrheitspflicht steht und nicht nur schweigen, sondern auch lügen darf.

„Ein Mann überschüttet seine Freundin mit Benzin und verbrennt sie bei lebendigem Leib", war in der Tageszeitung El Pais vom 16. April 2003 zu lesen.

Einige Monate später fand der Prozess in der Audiencia Provincial de las Palmas de Gran Canaria statt.

Audiencia Provincial de Las Palmas
de Gran Canaria

Innenhof der Audiencia
Provincial de Las Palmas de Gran Canaria

„Sie war es selbst"

„Ich hab sie geliebt. Ich hab sie nicht getötet. Sie war es selbst. Sie stieg aus dem Auto, ging zum Kofferraum, holte den Kanister heraus und ohne dass ich es bemerkte, übergoss sie sich mit Benzin. Ich fragte sie, was los sei, und sie antwortete, ich soll aussteigen und es mir ansehen. Ich fragte sie, ob sie mir wieder damit drohen will, sich das Leben zu nehmen. ‚Glaubst du, ich tu's nicht?', antwortete sie mir und zündete das Feuerzeug."

Das war die Version des wegen Mordes an seiner 25-jährigen Freundin angeklagten 30-jährigen José Juan Vázques Alemán bei seiner Einvernahme am ersten Verhandlungstag am 30. November 2003.

Teilnahmslos und ohne zu stocken beantwortet der Angeklagte die Fragen der Staatsanwältin, des Privatbeteiligtenvertreters und der Vertreterin der Anklage im Namen des „instituto de la mujer", einer staatlichen Institution zur Wahrung der Rechte der Frau.

„Der Tag war ganz normal, wir haben ‚Liebe gemacht' und Drogen konsumiert." Er erzählt, dass er Yaiza an einem Drogenumschlagplatz kennen gelernt habe. Das war im November 2002. „Wir lebten dann zusammen in meinem Haus. Das Zusammenleben war normal. Wenn wir auch oft Diskussionen hatten wegen ihrer Drogenabhängigkeit. Ich wollte, dass sie aufhört mit den Drogen." Gleich danach räumt er ein: „Wir beide konsumierten Drogen, und ich besorgte sie", und gibt zu, dass er auch dealte. Auf die Frage, ob nicht ein Widerspruch darin zu sehen sei, dass er einerseits wollte, dass sie keine Drogen mehr nimmt, und andererseits er ihr gleichzeitig Drogen besorgte, sagt er: „Ich wollte, dass sie in eine Drogenentzugsanstalt geht, weil sie sehr abhängig war, ich nicht, weil ich hatte den Kopf, um dieses Thema zu kontrollieren." Er gibt dann aber zu, das Drogenersatzmittel Methadon zu bekommen.

Es wird ihm auch wiederholte Misshandlung seiner Lebensgefährtin vorgeworfen. Dazu sagt er, wieder dem Anschein nach völlig emotionslos: „Ich sag nicht, dass es nicht so war. Ab und zu gab ich ihr ein paar Ohrfeigen." Er leugnet aber, sie misshandelt oder ihr gar Verletzungen zugefügt zu haben. „Wenn ich ihr keine Drogen gab, warf sie sich auf den Boden und gegen die Wand." Weiters sagt er aus, dass er ihr wenige Tage vor ihrem Tod vorgeschlagen habe, in eine Drogenentzugsanstalt zu gehen. „An jenem 13. April haben wir uns als Abschied vom Drogenkonsum eine Ladung Crack verpasst."

Der Angeklagte José Juan Vázquez Alemán

„Brenn, du verdammte Schlampe!"

Eine Ärztin, die vom Fenster aus sah, dass ein Mensch in Flammen stand, und hinlief, um Hilfe zu leisten, ist die erste Zeugin, die aufgerufen wird. „Ihr Zustand war sehr schlecht. Sie hatte fast am ganzen Körper Verbrennungen zweiten oder dritten Grades." Sie erinnert sich auch, im Gesicht des Opfers Verletzungen, die vermutlich von Faustschlägen stammten, gesehen zu haben.

Die zwei Polizisten aus der nahe gelegenen Stadt Gáldar, die am Tatort waren, noch bevor die Ambulanz eintraf, sagen aus, dass der Angeklagte gesagt habe, Yaiza habe sich selbst in Brand gesteckt, und dass Yaiza, die trotz ihrer schweren Verbrennungen bei Bewusstsein war, wollte, dass der Angeklagte mit ihr im Ambulanzwagen ins Krankenhaus fährt. Er sei aber in sein Auto gestiegen und weggefahren. Einer der Polizisten erinnert sich, dass ein Kind, welches sich ebenfalls am Tatort einfand – das Ganze ereignete sich am Nachmittag –, gesagt habe, „Sie hat sich angezündet und er hat gesagt, brenn, du verdammte Schlampe", und erklärt, dass das Kind aber wegen seines geringen Alters nicht förmlich einvernommen wurde.

Die Mutter des Opfers sagt aus, der Angeklagte habe sie angerufen und gesagt: „Ich habe sie in Brand gesteckt, sie liegt im Krankenhaus." Sie sagt weiters, dass „alles angefangen hat, wie Yaiza ihn kennen gelernt hat", und dass „es immer schlimmer wurde und sie die Kinder zu sich genommen" habe.

Der Angeklagte bestätigt, dass er die Mutter angerufen habe, um zu sagen, dass Yaiza mit schweren Verbrennungen ins Krankenhaus nach Las Palmas gebracht worden sei, er bestreitet aber, gesagt zu haben, dass er sie in Brand gesteckt habe.

Ein Anrainer, der ebenfalls herbeigeeilt war, um der brennenden Frau zu helfen, sagt aus, dass Yaiza gesagt habe, „Schau, was du gemacht hast", und er geantwortet habe: „Halt's Maul, du verdammte Schlampe."

Der Zeuge, ein Autofahrer, der zufällig vorbeifuhr und als Erster, noch vor dem Eintreffen der Polizei, am Ort des Geschehens war, gibt jene Schilderung, die wohl entscheidend ist für den Ausgang des Verfahrens. „Ich sprang aus dem Auto, und während ich versuchte, die Flammen zu löschen, fragte ich, was passiert sei. ‚Ich wollte nur einen Spaß machen', hat der Angeklagte gesagt. Und die am Boden liegende Frau hat gesagt, ‚du hast es erreicht, du hast es erreicht', und dann hat sie mich angesehen und mehrmals hintereinander gesagt, ‚Er war es'."

Der Verteidiger beantragt daraufhin, dass die frühere Aussage des betreffenden Zeugen dem Verhandlungsprotokoll beigefügt werde, welches den Geschworenen ausgehändigt wird, mit der Begründung, dass der Zeuge früher ausgesagt habe „du warst schuld" gehört zu haben.

Im spanischen Geschworenenprozess dürfen im Hinblick auf die gebotene Mündlichkeit und Unmittelbarkeit des Verfahrens frühere Aussagen (mit wenigen Ausnahmen) nicht in der Hauptverhandlung verlesen werden, sie dürfen jedoch dem Verhandlungsprotokoll, welches die Geschworenen bekommen, bevor sie sich zur Beratung begeben, beigefügt werden. Diese Bestimmung erscheint einigermaßen widersinnig, denn dem Erfordernis der Mündlichkeit und Unmittelbarkeit würde man wohl eher gerecht, wenn die frühere Aussage, die in Widerspruch zu der in der Hauptverhandlung abgelegten Aussage steht, öffentlich in der Verhandlung verlesen wird und im Beisein und unter Einbeziehung des Zeugen/der Zeugin, der/die sie abgelegt hat, erörtert wird.

Die junge Ärztin, die Yaiza im Krankenhaus bis zum Tod begleitet hat und die an dem grauenhaften Schicksal der jungen Frau sichtlich Anteil nahm, schildert die letzten Stunden ihrer Patientin so: „Die Verbrennungen waren so schwer und bedeckten den ganzen Körper, dass überhaupt keine Überlebenschance bestand. Ich habe mit ihr gesprochen. Ich habe es ihr gesagt und ich habe ihr gesagt, dass ihre Schwester auf dem Weg hierher sei. Dann hab ich sie gefragt, ob sie noch einen letzten Wunsch habe, und sie wollte ein Eis. Wir haben es ihr gebracht. Sie hatte keine Schmerzen, weil die Nervenenden vollkommen verbrannt waren. Sie wollte uns nicht sagen, was passiert ist, aber wir hatten auch keinen Anhaltspunkt für die Annahme, dass es Selbstmord war."

Die Schwester des Opfers, sichtlich schwer erschüttert und immer wieder in Tränen ausbrechend, schildert ihr vorletztes Zusammentreffen mit Yaiza: „Anfang des Jahres musste ich nach Teneriffa, um meine Militärausbildung abzuschließen, als ich zurückkam, fand ich meine Schwester in einem jämmerlichen Zustand. Abgemagert, mit Misshandlungsspuren am Hals und im Gesicht. Sie war früher nicht so, sie war ganz anders. Das mit den Drogen hat angefangen, als sie ihn kennen lernte. Ich bereue zutiefst, dass ich nicht die Polizei verständigt habe und dass ich sie dort bei ihm gelassen habe. Sie sagte mir nicht wörtlich, dass er es war. Sie war schon sehr schwach, als ich im Krankenhaus eintraf. Sie sagte es nicht wörtlich, aber ich konnte es in ihren Augen lesen."

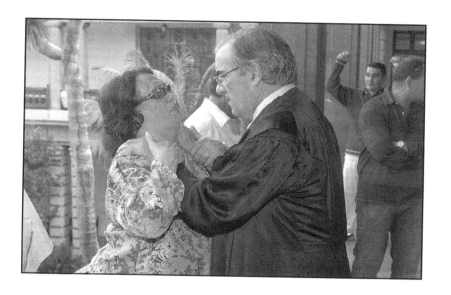

Der Anwalt der Familie des Opfers versucht die
Mutter von Jaiza zu beruhigen.

Yaiza verstarb um 22 Uhr des 13. April 2003 in den Armen ihrer Schwester im Krankenhaus in Las Palmas.

Yaizas Stimme

Am letzten Prozesstag bekommen die Geschworenen die Tonbandaufzeichnungen des Notrufes 112 zu hören. Sechs Anrufe hatte es in den Wochen vor Yaizas Tod gegeben. Es ist beklemmend, die Stimme und das Schluchzen der Verstorbenen im Gerichtssaal zu hören.

Der erste Anruf war am 27. Jänner 2003 um 21.51 Uhr.

„Notruf, hallo."
„Hier Dr. Mendez. Bei mir ist eine Frau, die angegriffen wurde. Bitte verbinden Sie mich mit der Frauenbeauftragten."
„Einen Moment. Von wo aus rufen Sie an?"
„Von der öffentlichen Ambulanzstelle in Guia."
„Guten Tag. Ich bin die Frauenbeauftragte. Mit wem spreche ich?"
„Ich bin Doktor Carmen Delia Mendez."
„Meine Kollegin hat mir gesagt, dass bei Ihnen eine Frau ist, die tätlich angegriffen wurde."
„Ja, sie heißt Yaiza, ist 25 Jahre alt und wurde von dem Mann, mit dem sie lebt, verletzt. Sie sagt mir, dass sie Angst hat und dass sie ihn nicht anzeigen will und dass es nicht das erste Mal ist, dass er sie schlägt. Sie sagt, wenn sie ihn anzeigt, bringt er sie um. Sie will nach Hause, sie sagt, seine Brüder sind da, und wenn die da sind, schlägt er sie nicht."
„Kann ich mit ihr sprechen."
„Ja, ich geb sie Ihnen."
„Hallo."
„Hallo, Yaiza. Die Ärztin hat mir von deinem Problem er-

zählt. Hast du Kinder mit deinem Lebensgefährten?"

„Nein."

„Arbeitest du?"

„Nein."

„Hast du Familie, Yaiza?"

„Es ist, als hätte ich keine."

„Eh?"

„Ich habe keine."

„Keine Eltern? Keine Geschwister?"

„Mein Vater hat mich vergewaltigt, wie ich 13 war. Ich habe niemand."

„Also schau, Yaiza, seit wann hast du dieses Problem?"

„Vielleicht seit einem Monat oder so."

„Seit wann lebst du mit ihm?"

„Seit drei oder vier Monaten."

„Wo hast du vorher gelebt?"

„In Las Palmas. Mit dem Vater meiner Kinder."

„Du hast Kinder?"

„Ja, zwei."

„Du bist von ihm getrennt?"

„Ja, wir haben sieben Jahre zusammengelebt."

„Gut, also was ich dir sagen möchte, Yaiza, du musst das anzeigen, was passiert ist, und außerdem darfst du nicht zurückgehen in dieses Haus, weil es sehr wahrscheinlich ist, dass sich das wiederholt, und zwar so, dass es immer schlimmer wird, es gibt Wohnheime, wo du vorläufig untergebracht werden kannst. Willst du das?"

„Jetzt?"

„Ja, jetzt."

„Nein, jetzt nicht."

„Aber ist dir nicht bewusst, Yaiza, wenn du zurückgehst,

wird er dich wieder angreifen."

„Nein."

„Warum nein?"

„Weil die Brüder da sind."

„Du lebst mit ihm und seinen Brüdern zusammen?"

„Ja."

„Hat er dich geschlagen, als die Brüder nicht da waren?"

„Ja."

„Wissen seine Brüder, dass er dich schlägt?"

„Ja."

„Und helfen sie dir oder nicht?"

„Ja, sie helfen mir."

„Schau, Yaiza, es ist klar, dass du von dort weg musst."

„Ich weiß, aber nicht jetzt."

„Warum nicht jetzt?"

„Weil ... ja ... weil ich Probleme habe."

„Was für Probleme sind das?"

„Ich kann das nicht sagen, jetzt nicht."

„Hast du Drogenprobleme?"

„Ja."

„Warst du bei einer Drogenberatungsstelle?"

„Nein, ich will jetzt nicht."

„Hast du Telefon zu Hause?"

„Nein."

„Hast du Nachbarn?"

„Nein."

„Wohnst du ganz entlegen?"

„Nein. Ich kenne niemanden."

„Ist dort irgendeine Person, die die Polizei anrufen kann, im Falle, dass du wieder angegriffen wirst, oder die uns anruft, damit wir die Polizei schicken?"

„Ja, ich könnte mit jemand reden."

„Es wäre wichtig, dass du dir ein Mobiltelefon anschaffst."

„Ja, ist gut."

„Das Wichtigste ist, dass du dich in Sicherheit bringst, wenn er dich wieder angreift, hörst du?"

„Dass du wegläufst oder dich in ein Zimmer einsperrst und uns anrufst, und wir schicken die Polizei."

„Ja."

„Und heb dir das Attest auf, das dir die Ärztin mitgibt."

„Ja."

„Und warum kannst du nicht bei deiner Mutter oder einem deiner Geschwister ..."

„Geht nicht."

„Warum nicht?"

„Das ist eine viel zu lange Geschichte."

„Haben sie dich rausgeworfen wegen deiner Drogenprobleme?"

„Nein, nein, bitte, ich will über das jetzt nicht reden."

„Gut, gut, also wenn es wieder Probleme gibt, ruf uns an. 112, das ist gratis."

„Ja."

Der nächste Anruf war sieben Tage später am 2. Februar 2003, um 16.30 Uhr.

„Notruf, Hallo?"

„Hallo ... (Schluchzen ist zu hören) ... hören Sie, mein Freund hat mich zusammengeschlagen hier auf der Straße."

„Wo sind Sie jetzt?"

„Avenida Atalaya 16, bitte helfen Sie mir, ich muss zu einem Arzt, er hat alle meine Sachen, meine Dokumente, er hat mir das Gesicht zertrümmert, mein Arm ist geschwollen, bitte es soll mich jemand zum Arzt bringen."

„Gleich, gleich, ist er jetzt dort?"

„Er ist im Haus, er macht mir die Tür nicht auf, ich brauch einen Arzt, mein Arm ist ganz geschwollen, ich hab kein Geld."

„Bitte warten Sie."

Es ist einige Minuten lang nur heftiges Schluchzen zu hören.

„Yaiza? Hören Sie mich?"

„Ja ... (Schluchzen)."

„Ich hab Ihnen einen Ambulanzwagen geschickt, der bringt Sie zu einem Arzt, hören Sie? Der bringt Sie zur öffentlichen Ambulanzstelle in Guia, man wird Sie dort untersuchen und einen Bericht schreiben."

„Ja, aber wenn ich ihn anzeige, bringt er mich um, bitte, ich brauch Hilfe."

„Dann zeigen Sie ihn eben nicht an, wenn Sie nicht wollen."

„Aber ich ..."

„Es ist jetzt nicht der Moment, ich werde Ihnen das dann nachher erklären."

„Warten Sie, da kommt ..."

Es sind Stimmen zu hören, Yaiza spricht mit jemandem.

„Yaiza? Ist der Ambulanzwagen da?"

„Ja."

„Gut, aber hören Sie, wenn Sie untersucht und behandelt wurden, dann rufen Sie mich wieder an, damit ich Ihnen etwas erkläre, damit Sie dann mit der Polizei Ihre Sachen holen können. Okay?"

„Ja, Okay."

„Und machen Sie sich jetzt keine Gedanken wegen der An-

Der Angeklagte (von hinten) und die Parteienvertreter*innen. Von links nach rechts: Die Staatsanwältin Fuencisla Ladrón de Cegama, der Anwalt der Familie des Opfers Jerónimo de León, Pilar Alonso Martin und der Verteidiger Fernando Gonzáles.

zeige, ich erkläre Ihnen dann nachher alles, was Sie machen können und welche Möglichkeiten Sie haben."

„Ja, danke."

„Und beruhigen Sie sich, es wird alles wieder gut."

Die anderen vier Anrufe waren etwa zwei Monate später, alle am gleichen Tag, am 26. März 2003, etwa zwei Wochen vor Yaizas Tod. Der erste um 2.08 Uhr.

„Notruf."

„Hallo, bitte schicken Sie die Polizei, Atalaya 16, bitte schnell, bitte, mein Freund schlägt mich tot."

„Atalaya 16, in Las Palmas?"

„Nein, in Guia, bitte schnell. Haus Vázquez."

Der nächste Anruf kam um 2.55 Uhr, vom Arzt der örtlichen Ambulanzstelle. Er sagt, die Verletzungen könnten nicht dort behandelt werden, sie müsse ins Krankenhaus nach Las Palmas gebracht werden.

Der dritte Anruf kam um 9.37 Uhr, von der behandelnden Ärztin im Krankenhaus in Las Palmas. Sie sagt, Yaiza habe zahlreiche Verletzungen, sie brauche Hilfe, sie wolle mit der Frauenbeauftragten sprechen, aber jetzt im Moment werde sie gerade ärztlich behandelt. Die Frauenbeauftragte sagt, Yaiza möge sich melden, so bald es geht, sie werde mit ihr reden und ihr eine Kollegin schicken.

Der vierte und letzte Anruf kam um 10.42 Uhr, wieder von der Ärztin im Krankenhaus in Las Palmas. Sie sagt, dass die Patientin jetzt doch nicht mit der Frauenbeauftragten reden wolle und sich später melden werde.

Es herrscht einige Minuten vollkommene Stille im

Gerichtssaal. In den Gesichtern der Geschworenen ist tiefe Betroffenheit zu lesen. Es ist, als wollten alle eine Gedenkminute für Yaiza halten.

Der „dolus eventualis" oder bedingter Vorsatz

Die Staatsanwältin hält ihren Schlussvortrag in vollkommen emotionsloser Sachlichkeit, so, als ginge es um einen Autodiebstahl oder um einen Versicherungsbetrug oder Ähnliches, und nicht um den grauenhaften Tod einer jungen Frau. Sie steht hinter ihrem Pult, schaut immer wieder auf den Akt, den sie in Händen hält, und leiert den mutmaßlichen Tathergang herunter, wobei sie davon ausgeht, dass der Angeklagte Yaiza in Brand gesteckt hat.

In Spanien und ganz besonders auf den Kanaren ist allerdings Gewalt gegen Frauen an der Tagesordnung. Mindestens einmal wöchentlich ist in der Zeitung zu lesen, dass ein Mann seine Frau oder Freundin erstochen, erschlagen oder verbrannt hat. Hat man sich so daran gewöhnt, dass es nicht mehr aufregt? Oder gilt es als unprofessionell, Emotion im Gerichtssaal zu zeigen? Ich habe einige Leute dazu befragt, jedoch keine Antwort darauf bekommen. Es ist einfach so.

Den Geschworenen hingegen ist anzusehen, wie sehr es sie berührt hat, die Hilferufe der toten Yaiza im Gerichtssaal zu hören. Noch während die Staatsanwältin ihren Schlussvortrag herunterleiert sitzen sie wie versteinert mit blassen Gesichtern und starrem Blick auf ihren Bänken. Sie sind sichtlich zutiefst erschüttert.

Die Staatsanwältin stützt ihre Anklage auf Mord und Gewaltausübung im häuslichen Bereich.

Auch das Plädoyer des Anwalts, der die Familie, die doch am stärksten betroffen war, vertritt, lässt keinerlei Emotion erkennen. Sachlich, kühl und teilnahmslos schildert er den Tathergang, und zwar so, dass der Angeklagte Yaiza in Brand gesteckt hat. Und als er mit der Schilderung des mutmaßlichen Tathergangs fertig ist, fängt er damit an, die verschiedenen Arten des Vorsatzes zu erklären. Das ist äußerst befremdlich, da dies ja eindeutig Rechtsfragen sind, über die Geschworene nicht zu entscheiden haben und die die Geschworenen gar nicht verstehen können, wenn man in Betracht zieht, dass die verschiedenen Vorsatzarten und die Abgrenzung zur Fahrlässigkeit im Rahmen des Jusstudiums in mehreren mehrstündigen Vorlesungen gelehrt werden.

„Dolus eventualis, auch bedingter Vorsatz genannt, ist, wenn der Vorsatz des Täters zwar nicht direkt auf den negativen Erfolg gerichtet ist, der Eintritt des negativen Erfolges jedoch ernstlich für möglich gehalten wird und der Täter den Eintritt des negativen Erfolges billigend in Kauf nimmt, sich also mit dieser Möglichkeit abfindet." Er wiederholt dies mehrmals in jeweils anderen Worten und bringt diverse Beispiele. „Ein Schüler hat einen unbändigen Hass auf seinen Lehrer, weil er die Klasse wiederholen muss. Er beschließt, eine Bombe auf den Schreibtisch des Lehrers zu werfen. Er weiß aber nicht, ob die Druckwelle so stark ist, dass auch Passanten auf der Straße zu Tode kommen. Sein Vorsatz ist nicht darauf gerichtet, dass die Passanten auf der Straße zu Tode kommen, sein Vorsatz ist darauf gerichtet, dass der Lehrer zu Tode kommt, aber wenn auch Passanten auf der Straße dabei zu Tode kommen sollten, nimmt er das in Kauf. Er erkennt die Möglichkeit und findet sich damit ab."

Während er spricht, geht er vor der Geschworenenbank hin und her und schaut den einzelnen Geschworenen eindringlich in die Augen, als wollte er ihnen die Bedeutung des „dolus eventualis" durch intensiven Blickkontakt suggerieren. „Ein anderes Beispiel: Ein Attentäter will den Präsidenten erschießen. Dessen Leibwächter stehen so, dass es sie auch treffen könnten. Der Attentäter will zwar nicht, dass auch die Leibwächter zu Tode kommen ..."

In den Gesichtern der Geschworenen glaubte ich zu lesen, dass sie nicht verstanden, was das mit dem tragischen Tod der jungen Frau zu tun haben sollte, und ich vermute, dass es besser gewesen wäre, man hätte ihnen nichts von „dolus eventualis" erzählt. Dass ein Mensch wissen muss, dass es nicht gut ausgeht, wenn er eine Frau, deren Kleidung mit Benzin getränkt ist, in Brand steckt, hätte ihnen schon der Hausverstand gesagt. Dazu hätten sie keinen Vortrag über „dolus eventualis" gebraucht.

Der Anwalt fordert die Verurteilung wegen Mordes sowie den Zuspruch von 120.000 Euro Schadenersatz an die Erben des Opfers. Yaiza Rodriguez Rielo hinterlässt zwei kleine Kinder, die bei ihrer Mutter in Obhut sind.

Ich fragte den vorsitzenden Richter nach der Verhandlung, warum der Privatbeteiligtenvertreter den Geschworenen „dolus eventualis" erklären wollte, wo Geschworene doch nur über Tatfragen und nicht über Rechtsfragen zu entscheiden haben. Der „magistrado-presidente" lachte ein wenig verlegen und sagte, dass er das auch nicht wisse.

Pilar Alonso Martin

„... helfen Sie ihr im Tode ..."

Nur Pilar Alonso Martin, die Anwältin, die die Institution für die Wahrung der Rechte der Frau vertritt, lässt Emotion erkennen.

„... die letzten Monate ihres Lebens waren die wahre Hölle. Er unterwarf Yaiza zur Gänze seiner brutalen Willkür, entzog ihr jegliche Freiheit und Selbstbestimmung, vernichtete ihre Persönlichkeit und damit nicht genug. Als er sie all ihrer Menschenwürde beraubt hatte und sie sich im Zustand der totalen Hilflosigkeit befand, entschloss er sich, ihr auch noch das Letzte zu nehmen. Ihr Leben. Und zwar auf eine Art, die all das Vorausgehende noch an Grausamkeit übertraf. Er hat Yaiza bei lebendigem Leib verbrannt. Niemand, nicht ihre Mutter, nicht ihre Geschwister, nicht die Polizei und auch nicht die Ärzte, konnte ihr im Leben helfen. Ich bitte Sie, helfen Sie ihr im Tode sorgen Sie dafür, dass ihr Mörder zur Verantwortung gezogen wird."

Pilar Alonso Martin fordert die Geschworenen auf, den Angeklagten wegen Mordes und wegen Gewaltausübung im häuslichen Bereich schuldig zu sprechen.

Der Verteidiger bleibt wie erwartet bei seiner Darstellung, wonach Yaiza sich selbst mit Benzin übergossen und in Brand gesteckt hat und sich selbst die Verletzungen zugefügt hat, und plädiert auf Freispruch.

Das „objeto del veredicto" und die „instrucciones"

Nun ist es die Aufgabe des vorsitzenden Richters, die den Geschworenen zur Auswahl vorzulegenden Sachverhalts-varianten, das sogenannte „objeto del veredicto", also die Fragen, die mit dem Wahrspruch beantwortet werden, zu formulieren. Dies gemäß den Anträgen der Parteien. Zur besseren Nachvollziehbarkeit der Entscheidungsfindung der Geschworenen wird ein Teil dieses „objeto del veredicto" nachfolgend wiedergegeben.

OBJETO DELVEREDICTO

I. SACHVERHALTE, DIE GEMÄSS DEN ANTRÄGEN DER PARTEIEN ALS ERWIESEN ODER NICHT ERWIESEN ZU ERKLÄREN SIND:

1. Sind der Angeklagte José Juan Vázques Alemán, 29 Jah-re, und Yaiza Rodriguez Rielo, 25 Jahre, im November 2002 eine Beziehung eingegangen und haben im Haus von José Juan an der Adresse (. . .) zusammengelebt und waren Dro-genkonsumenten, insbesondere der Droge, die unter dem Namen Crack bekannt ist?

2. Hat José Juan seine Freundin Yaiza während des Zu-sammenlebens oft geschlagen und ihr Verletzungen zuge-fügt, insbesondere am 27. Jänner 2003 durch Faustschläge auf die Nase, Wange, Mund, linkes Auge, linke Schulter, wo-rauf Yaiza im „Center de Salud" in Guia ärztliche Hilfe in Anspruch genommen hat, sowie am 2. Februar 2003 durch

Schläge auf die Nase, Brust und rechte Hand, worauf Yaiza wieder ärztliche Hilfe im „Centro de Salud" in Anspruch genommen hat, sowie am 26. März 2003, an dem er wiederholt auf Yaiza eingeschlagen hat und ihr mehrere Blutergüsse und Aufschürfungen an der Stirn, den Augen, dem rechten Oberschenkel, dem linken Knie, dem rechten Schulterblatt, am Bauch und am Hals zugefügt hat?

3. Hat der Angeklagte José Juan am 13. April, nachdem er zusammen mit Yaiza in seinem Volkswagen Golf GC herumgefahren ist, diesen an einer unverbauten Stelle angehalten, und haben dort beide die unter Crack bekannte Droge geraucht?

4.1 Ist Yaiza dann aus dem Fahrzeug ausgestiegen, hat den Kofferraum geöffnet, den mit Benzin gefüllten Kanister genommen, sich mit Benzin übergossen und José Juan, nachdem dieser wegen des Geruchs ausgestiegen war, gedroht, sich anzuzünden, wobei ein Funke von dem Feuerzeug, das sie in der Hand hatte, übersprang und ihren Körper in Brand setzte?

4.2 (Im Falle, dass das Obenstehende als nicht erwiesen angesehen wird).
Gingen beide, nachdem sie eine Auseinandersetzung hatten, zum hinteren Teil des Autos, manipulierten an der Benzinflasche, es ergoss sich das Benzin über Yaiza und durch eine unabsichtliche Handlung des José Juan fing die Kleidung von Yaiza Feuer?

4.3 (Im Falle, dass der vorausgehende Sachverhalt nicht als

erwiesen angesehen wird). Hat José Juan, nachdem es eine Auseinandersetzung gegeben hatte und Yaiza sich, um José Juan in Schrecken zu versetzen, mit Benzin übergossen hatte, um ihr zu zeigen, dass sie ihn nicht erschrecken kann, und in der Absicht, ihr eine Verletzung zuzufügen, aber nicht in der Absicht, sie zu töten, Yaiza in Brand gesteckt, worauf der ganze Körper in Flammen aufging, ohne dass José Juan reagierte?

4.4 (Im Falle, dass der vorausgehende Sachverhalt nicht als erwiesen angesehen wird).
Hat José Juan, nachdem es eine Diskussion gegeben hatte und sie beide zum hinteren Teil des Autos gegangen waren, den Kofferraum geöffnet hatten und sich Benzin über Yaiza ergossen hatte, ohne dass festgestellt werden konnte, warum und wieso, Yaiza in Brand gesteckt, in der Absicht, sie zu töten?

4.5 (Im Falle, dass der vorausgehende Sachverhalt nicht als erwiesen angesehen wird).
Hat José Juan, nachdem es eine Auseinandersetzung gegeben hatte und beide zum hinteren Teil des Autos gegangen waren, den Kofferraum geöffnet, Benzin über Yaiza geschüttet, und ohne dass diese Zeit hatte, in irgendeiner Weise zu reagieren, in Brand gesteckt, in der Absicht, sie zu töten?

Anscheinend ist niemandem aufgefallen, dass die Sachverhaltsvariante, die den wortreichen Ausführungen des Vertreters der Familie entsprochen hätte, fehlte. Es gab keine Darstellung einer Begehung der Tat mit bedingtem Vorsatz (dolus eventualis). Eine solche Sachverhaltsvariante hätte etwa lauten müssen: „... José Juan steckte Yaiza, zwar nicht in der Absicht, sie zu töten, in Brand, er hat jedoch den Eintritt des Todes ernstlich für möglich gehalten und sich mit dieser Möglichkeit abgefunden, da er wusste, dass das Inbrandstecken einer mit Benzin übergossenen Person mit großer Wahrscheinlichkeit zum Tode führt."

Der vorsitzende Richter hat auf meine Frage, warum keine solche Sachverhaltsvariante den Geschworenen angeboten wurde, geantwortet, „weil keine der Parteien es beantragt hat".

Es wurde wohl einfach darauf vergessen.

Nachdem der vorsitzende Richter den Geschworenen im Verhandlungssaal das „objeto del veredicto" ausgehändigt hat, erteilt er ihnen die „instrucciones", und zwar – anders als in Österreich, wo die sogenannte Rechtsbelehrung im „stillen Kämmerlein", also unter Ausschluss der Öffentlichkeit und der Parteien, erfolgt – auch im Gerichtssaal, im Beisein der Parteien und der Öffentlichkeit. Und er instruiert sie, wie die Beratungen zu verlaufen haben.

Es ist dem Richter untersagt, seine Meinung zu den Beweisergebnissen zu äußern oder auch nur anzudeuten, er muss aber laut Gesetz die Geschworenen dahingehend instruieren, dass sie dann, wenn es ihnen nicht möglich ist, im Zuge der Beratungen Zweifel über einen der aufgenommenen Beweise auszuräumen, so zu entscheiden, wie es für den Angeklagten am günstigsten ist.

In Österreich ist das Gericht zu einer solchen Belehrung nicht verpflichtet.

Der Wahrspruch

Nachdem die Geschworenen einige Stunden beraten haben, erklären sie, dass sie sich für keine der vorgeschlagenen Sachverhaltsvarianten entscheiden konnten, und ersuchen den vorsitzenden Richter, in der Variante 4.3 eine Modifikation vorzunehmen, in der Weise, dass unklar ist, wie und warum sich das Benzin auf Yaiza ergossen hat. Der vorsitzende Richter kommt der Bitte unter Beiziehung der Parteien nach. Dabei hätte es vielleicht noch die Möglichkeit gegeben, eine Sachverhaltsvariante zu formulieren, die der Tatbegehung mit bedingtem Vorsatz, dem „dolus eventualis", entsprochen hätte. Es hätte nur hinzugefügt werden müssen, dass er den Tod von Yaiza „billigend in Kauf" nahm. Aber es wurde offensichtlich wieder darauf vergessen. Ein Umstand, der erst durch das Berufungsgericht saniert werden sollte.

Diesmal setzten die Geschworenen keine handschriftlichen Vermerke auf das „objeto del veredicto", sondern schrieben in ihr Abstimmungsprotokoll, welches gleichzeitig den Inhalt des Wahrspruches darstellt, welche Sachverhalte als erwiesen angenommen werden:

1. Einstimmig angenommen.

2. Einstimmig angenommen.

3. Einstimmig angenommen.

4.3 Einstimmig angenommen, jedoch mit folgenden Modifikationen:

Nachdem es eine Diskussion gegeben hat und das Benzin sich, ohne dass festgestellt werden konnte, wie und warum, über Yaiza ergossen hatte, steckte José Juan Yaiza in der Absicht, ihr eine Verletzung zuzufügen, jedoch nicht in der Absicht, sie zu töten, in Brand, worauf sich die Flammen über ihren ganzen Körper ausbreiteten, ohne dass José Juan in irgendeiner Weise reagierte.

Dem Erfordernis, ihren Wahrspruch zu begründen, haben die Geschworenen in Las Palmas einigermaßen zufriedenstellend entsprochen, und zwar so:

1. Die Aussage des Zeugen Manuel Hernandez, der als Erster am Tatort eintraf und aussagte, dass José Juan auf die Frage, was passiert sei, geantwortet habe, „Ich wollte nur einen Spaß machen", was uns zeigt, dass er Yaiza in Brand gesteckt hat, jedoch ohne die Absicht, sie zu töten.

2. Gemäß Sachverständigengutachten hat der Körper an der am meisten verbrannten Stelle angefangen zu brennen, und zwar am vorderen Becken, was weder beweist, dass Yaiza sich selbst mit Benzin übergossen hat, noch dass José Juan Yaiza übergossen hat, und somit alle Möglichkeiten offen lässt.

3. Die Aussagen der Polizisten, die 45 Minuten vor dem Tatzeitpunkt an dem geparkten Auto vorbeifuhren und angaben, sie hätten den Angeklagten am Steuer sitzend gesehen und Yaiza daneben, im Handschuhfach etwas suchend. Dies zeigt uns, dass es zu dem Zeitpunkt keinen Wortwechsel oder Streit gab, welcher die Polizisten veranlasst hätte, einzuschreiten. Außerdem war das Auto an einer weithin sichtbaren Stelle geparkt, in einer bewohnten Gegend, am frühen Nachmittag, was uns beweist, dass der

Angeklagte nicht den Vorsatz hatte, sie zu töten.

4. Wir sind zu der Überzeugung gekommen, dass der Angeklagte dem Opfer nicht half, als sie brannte, dies aufgrund der Aussagen der Zeugen, die versuchten, die Flammen zu löschen, und die am Tatort präsent waren.

Daher sind wir der Auffassung, dass der Angeklagte Yaiza in Brand steckte, ohne dass wir feststellen konnten, wie und warum sich das Benzin über Yaiza ergossen hatte.

Nach der Verlesung des Wahrspruchs wendet sich der Angeklagte zu den Geschworenen und schreit: „Mein Tod wird auf Ihnen lasten, ich werde mich umbringen."

Das Urteil

Nun war es Aufgabe des Richters, das Urteil zu verfassen. Er sollte dafür nur rund zehn Tage brauchen.

Überraschenderweise qualifizierte der Richter die Tat als fahrlässige Tötung und verurteilte zu fünf Jahren Freiheitsentzug und zu drei Jahren Freiheitsentzug für häusliche Gewalt und zu einem Schadenersatz für die Hinterbliebenen in der Höhe von 100.000 Euro. Dies alles, obwohl der Angeklagte acht einschlägige Vorstrafen aufzuweisen hatte. Anders als in Österreich, wo die Vorstrafen am Beginn der Verhandlung verlesen werden, dürfen die Vorstrafen den Geschworenen nicht zur Kenntnis gebracht werden, sondern dürfen nur bei der Strafzumessung Berücksichtigung finden.

Der Richter begründet sein 23-seitiges Urteil im Wesentlichen wie folgt:

„Von dem Wahrspruch der Geschworenen ausgehend ist nicht anzunehmen, dass der Angeklagte den Tod von Yaiza vor Augen hatte. Zwar ist Benzin im Zusammenhang mit Feuer so gefährlich, dass besondere Vorsicht geboten ist, zumindest dann, wenn die Menge des Benzins eine so große ist wie die, die sich auf dem Körper der Verstorbenen befand. Da jedoch die Geschworenen entschieden haben, dass nicht festgestellt werden konnte, wie und warum sich das Benzin über Yaiza ergossen hat, müssen wir, um uns nicht in Hypothesen zum Nachteil des Angeklagten zu verlieren, annehmen, dass der Angeklagte nicht wusste, wie groß die Menge des Benzins war, das sich über das Opfer ergossen hatte, und dass er daher auch nicht wissen konnte, dass durch das Inbrandstecken tödliche Verbrennungen entstehen. Aufgrund dieser Umstände ist nicht anzunehmen, dass der Angeklagte die Absicht hatte zu töten, und es kann die Tat daher nicht als vorsätzliche Tötung qualifiziert werden, auch nicht in der Weise, dass der Täter mit bedingtem Vorsatz (dolus eventualis) handelte, in dem er den Tod des Opfers zwar nicht beabsichtigte, aber sich mit dieser Möglichkeit abfand."

Der vorsitzende Richter Don Javier Varona Gómez-Acedo, ein überaus liebenswürdiger und kultivierter Herr mittleren Alters, war so freundlich, mir als Prozessbeobachterin eine Urteilsausfertigung zu überlassen. Nachdem ich diese gelesen hatte, bat ich Herrn Varona Gómez-Acedo um ein Gespräch. Zunächst fragte ich, ob er mit dem Wahrspruch der Geschworenen einverstanden war, worauf er lachte und sagte, diese Frage könne er mir nicht beantworten, ich möge dies entschuldigen. Er fügte hinzu, es sei nicht seine Aufgabe, den Wahrspruch der Geschworenen zu kommentieren. Dann fragte ich, unter Hinweis auf die Urteilspassage, in der er ausführt, dass Vorsatz sowohl Tat- als auch Rechtsfrage darstellt, ob er den Wahrspruch der Geschworenen nicht auch rechtlich anders qualifizieren hätte können, konkret, ob er nicht auch das Vorliegen von bedingtem Vorsatz hätte annehmen können. Der Richter antwortete mir, dass er in Anbetracht des Grundsatzes „in dubio pro reo" – im Zweifel für den Angeklagten – die Verpflichtung habe, die für den Angeklagten günstigste Auslegung des Wahrspruches vorzunehmen.

Ich war von dieser Aussage äußerst beeindruckt. Nach meiner bisherigen Erfahrung ist der „in dubio pro reo"-Grundsatz etwas, was man in Lehrbüchern findet, was jedoch nur mitleidiges Lächeln, wenn nicht gar offenen

Spott auslöst, wenn man sich in der gerichtlichen Praxis tatsächlich darauf beruft. Aus dem Munde eines österreichischen Strafrichters habe ich diesen Grundsatz jedenfalls noch nie gehört.

Ich fragte auch Pilar Alonso Martin, die die Organisation für die Rechte der Frau als Anklägerin vertrat, um ihre Meinung zu dem Urteil. Sie sagte mir, es sei vollkommen absurd, den Sachverhalt als fahrlässige Tötung zu qualifizieren. Der Mann wusste, dass die Kleidung der Frau mit Benzin durchtränkt war. Das hat er selbst ausgesagt. Die Institution der Rechte der Frau zu vertreten, sei für sie eine große Verantwortung, sie fühle sich verpflichtet gegenüber der Familie von Yaiza, gegenüber allen Frauen, die Gewalt ausgesetzt sind, und auch gegenüber Yaiza, auch wenn sie nicht mehr hier ist. Sie werde jedenfalls gegen das Urteil berufen.

Alle drei Parteien auf Seiten der Anklage erhoben Rechtsmittel gegen dieses Urteil und machten geltend, dass zumindest „dolo eventual" – bedingter Vorsatz – anzunehmen sei, was sich aus den festgestellten Sachverhalten ergebe.

Die höheren Instanzen

Das Berufungsgericht, der „Tribunal Superior de Justicia" in Las Palmas, führt in seiner Entscheidung vom 25. Juli 2005 unter anderem aus:

„Der Wahrspruch der Geschworenen darf keine rechtliche Qualifikation enthalten, da diese allein dem vorsitzenden Richter zukommt. Die Geschworenen können zwar darüber absprechen, welche Absicht der Täter hatte, also etwa die Absicht zu töten, aber dies stellt eine Schlussfolgerung dar, welche auf Fakten zu beruhen hat. Daher ist es nicht sinnvoll, den Geschworenen lediglich die Frage nach der Absicht des Täters zu stellen, sondern es sind den Geschworenen dazu ausreichende Fakten zu präsentieren, aus denen die Entscheidung über die Absicht des Täters abzuleiten ist. Diese Fakten sind beispielsweise die Gefährlichkeit der eingesetzten Waffe, die Zahl und Intensität von Schlägen, die Stelle des Körpers, auf die die Angriffe abzielen, die Schwere der zugefügten Verletzung, die Umstände der Tat, die Beziehung zwischen Täter und Opfer und weitere Begleitumstände, sowohl in Ausübung der Tat als auch in der Zeit davor. Die Entscheidung der Geschworenen über die Absicht des Täters kann dann erfolgreich mit Rechtsmitteln angefochten werden, wenn sie der nötigen Logik in Anbetracht der zugrundeliegenden Fakten entbehrt.

Im vorliegenden Fall ist den Rechtsmittelswerbern recht zu geben, wenn sie den Ausspruch der Geschworenen, wonach der Angeklagte nicht die Absicht hatte, zu töten, anfechten. Die extrem leichte Entzündbarkeit von Benzin ist allgemein bekannt.

Auch wenn der Täter, wie festgestellt wurde, nur einen Spaß

machen wollte', so schließt dies den bedingten Tötungsvorsatz nicht aus.

Das Berufungsgericht ändert das Urteil in der Weise ab, dass nicht fahrlässige, sondern vorsätzliche Tötung vorliegt, und legt die Strafe dafür mit elf Jahren Freiheitsentzug fest. Die Strafe für häusliche Gewalt bleibt unverändert bei drei Jahren Freiheitsentzug.

Als der Richter Javier Varona Gómez-Acedo mir eine Kopie dieses Urteils gab, teilte er mir mit, dass er an ein anderes Gericht versetzt wurde und dabei sei, sein Büro zu räumen. Er vermute, dass die Verteidigung ein Rechtsmittel einbringen werde, aber die Entscheidung des Obersten Gerichtshofes könne er mir nicht geben, da müsse ich mich an seinen Nachfolger wenden. Da mittlerweile auch der Präsident des Gerichtes, der meine Kontaktperson war, abberufen worden war, wendete ich mich an Pilar Alonso Martin mit der Bitte, mir das Urteil des Obersten Gerichtshofes zukommen zu lassen, sobald es vorliegt. Einige Monate später fand ich es in meinem Postkasten.

Der Oberste Gerichtshof – „Tribunal Supremo" – bestätigt mit Urteil vom 16. März 2006 die Entscheidung des „Tribunal Superior". Das Urteil ist somit rechtskräftig.

Ich bedanke mich bei Pilar Alonso Martin und nutze die Gelegenheit, sie nach ihrer Meinung zum Geschworenenprozess ganz generell zu fragen. Sie meint, an dem vorliegenden Urteil könne man deutlich sehen, dass Laien den Tathergang nicht so analysieren, wie das einer tut, der die Rechtswissenschaft studiert hat. Dies führe dazu, dass häufig die höhere Instanz angerufen werden muss, damit diese eine korrekte rechtliche Beurteilung vornimmt. „Was vielleicht als bedauerliche und unabänderliche Schwachstelle des Geschworenenprozesses angesehen wird, nämlich dass diejenigen, die Recht sprechen, das Recht nicht kennen, stellt andererseits auch eine große Herausforderung an die Kunst der Rechtsanwältinnen dar, nämlich den Fall vor Menschen zu präsentieren, die keine Ahnung vom Strafrecht haben und sich nur von ihrem Hausverstand leiten lassen. Darin nämlich, dass das Volk Recht spricht und berechtigt wird, über seinesgleichen zu richten, liegt wohl all die ‚grandeza‘ und all die ‚miseria‘ dieser Institution. So mancher Purist wird sagen, dass der Einsatz von Laien in der Rechtsprechung dieser Schaden zufügt und dass es überdies eine Zeit- und Geldverschwendung darstellt, überhaupt dann, wenn die ‚fallos‘[3] jeglicher juristischen Logik entbehren und die höhere Instanz angerufen werden muss, wie es in unserem Fall war. Aber sollte ich einmal auf der Anklagebank sitzen müssen, so ist es mir allemal lieber, es richten Personen über mich, die mich bis zu einem gewissen Punkt verstehen können, die sich an meine Stelle versetzen können, die vielleicht auch einiges entschuldigen können, als es richtet ein Berufsrichter, für den ich nur ein Objekt der Rechtsanwendung bin.“

Katharina Rueprecht

Der Fall Otegi

Weiße Flecken

Der damals 23-jährige Mikel Otegi erschoss am 10. Dezember 1995 zwei baskische Polizisten und wurde von einem Geschworenengericht in San Sebastian freigesprochen.

„Schon während der ersten Vernehmung durch die Untersuchungsrichterin am Gericht von Tolosa, einen Tag nachdem es passiert ist, war mir klar, dass es eine Chance auf einen Freispruch gibt", erinnert sich Otegis Verteidiger, Miguel Castells.

„Imanol Otegi, ein Kollege und Cousin von Mikel Otegi, rief mich an und fragte, ob ich die Sache übernehmen könne. Wir haben uns dann gleich direkt am Gericht getroffen, als Mikel seine erste Aussage machte. Ich sah ihn dort zum ersten Mal. Er war mit den Nerven vollkommen fertig, hatte Schwierigkeiten sich auszudrücken, stammelte, hatte große weiße Flecken in seiner Erinnerung und einige Male war es, als würde er in Tränen ausbrechen. Die Richterin sprach mit ihm baskisch und übersetzte es dann. Immer wieder sagte sie ‚laseí, laseí' (ruhig, ruhig). Und schon in dieser ersten Aussage, bei der er immer wieder sagte, er könne sich nicht erinnern, stammelte er wiederholt etwas von einer Pistole in der Hand des Polizisten.

Nach seiner Aussage waren wir mit ihm allein. Zum ersten Mal nach seiner Festnahme konnte er jetzt mit seinen Anwälten sprechen, mit Menschen, die es gut mit ihm meinen. Wir versuchten ihn zu beruhigen und sagten ihm, er solle versuchen, sich zu erinnern, was passiert ist, und er sagte nur: ‚Ja, ich will es versuchen.‘ Wir bringen ihn noch einmal zur Richterin. Wir sagen, dass er sich jetzt ein wenig beruhigt hat und dass er noch weiter aussagen will. Als der anwesende Staatsanwalt ihn etwas fragt, wird seine Aussage davor, bezüglich der Waffe in der Hand, plötzlich konkreter: ‚Er hat mit der Pistole auf mich gezielt.‘ Da war uns klar, dass er eine Chance hat.“

Von den sechsunddreißig Kandidaten, die aus der Geschworenenliste ausgelost wurden, ließen sich neunzehn entschuldigen. Jedoch nur von vier Kandidaten wurde die Entschuldigung angenommen. Ein Kandidat war inzwischen verstorben, zwei hatten ihren Wohnsitz nicht in der vorgesehenen Region, so verblieben noch neunundzwanzig. Nachdem überprüft worden war, ob bei den Verbleibenden einer der gesetzlichen Ausschließungsgründe vorliegt, wie etwa Analphabetismus, was nicht der Fall war, ging man daran, die elf Kandidaten auszulosen, wovon zwei Ersatzgeschworene sein sollten. Danach hatten die Parteien die Möglichkeit, die Juroren zu befragen, um festzustellen, ob eine Prädisposition in irgendeiner Richtung vorliegt, und konnten dann, ohne Angabe von Gründen, vier von ihnen ablehnen.

„Diese elf Kandidaten waren für uns fatal“, erinnert sich der Verteidiger, Miguel Castells, später. „Beispielsweise akzeptierte eine Kandidatin nicht, dass jemand mit einer kompletten Bewusstseinsstörung nicht verantwortlich gemacht werden kann. ‚Der etwas macht, der hat dafür einzustehen‘, sagte sie. Wir stellten fest, dass vier von ihnen eine sehr negative Grundeinstellung hatten, aber ich überlegte mir: Wenn ich die vier, und diese vier konnten uns sehr schaden, ablehne, dann kann ich von den nachkommenden vier, die ausgelost werden, niemanden mehr ablehnen, und womöglich sind die noch schlimmer. Also beschloss ich, nur drei abzulehnen, und so hatte ich noch eine Patrone in Reserve. Für die Anklage sah es sehr günstig aus und die haben nur einen abgelehnt. Schließlich waren es acht Frauen und ein Mann und die zwei Ersatzjuroren, ein Mann und eine Frau."

Am 24. Februar 1997 wird unter dem Vorsitz des Richters José Luis Barragán Morales die Hauptverhandlung eröffnet. Der Prozess, der ein enormes Medienecho ausgelöst hatte, findet de facto unter Ausschluss der Öffentlichkeit statt: „Der Saal war viel zu klein. Etwa zwanzig Plätze bekamen die akkreditierten Presseleute, sechzehn Plätze waren für die Familie des Angeklagten – Otegi hatte allein zwölf Geschwister –, sechzehn Plätze waren für die Familien der Opfer, einige Plätze ließ der vorsitzende Richter für die Berufskollegen und Staatsanwälte reservieren, und es gab aber insgesamt nur 70 Plätze", erzählt Miguel Castells.

Die (auszugsweise) Darstellung in der Anklageschrift

„Der Angeklagte verbrachte die Nacht vom 9. zum 10. Dezember bei einem Rockkonzert in der Ortschaft Itsasondo und in diversen Bars, wo er eine unbestimmte Menge von alkoholischen Getränken zu sich nahm. Am Morgen des 10. Dezember, um etwa acht Uhr, begab sich der Angeklagte in Begleitung seiner Nichte, Doña Ana Carmen, in die Bar Ibarre, wo sie frühstückten und keine weiteren alkoholischen Getränke zu sich nahmen. Etwa um 10.15 Uhr hatte der Angeklagte in der Bar eine Auseinandersetzung mit dem Polizisten der Dienstnummer 10234, der zu diesem Zeitpunkt nicht im Dienst war. Unmittelbar darauf fuhr der Angeklagte mit seinem Renault 11, Kennzeichen SS-2958-X, mit überhöhter Geschwindigkeit und in auffallend ordnungswidriger Fahrweise in Richtung seines Wohnsitzes, des Gehöfts Oteízabal, ebenfalls in Itsasondo gelegen. Seine Nichte begleitete ihn. Nachdem der Angeklagte seine Nichte zu ihrem Wohnsitz gebracht hatte, fuhr er zu dem seinen, wo er unmittelbar darauf zu Bett ging. Die oben beschriebene Fahrweise erregte die Aufmerksamkeit der Patrouille 1041 des Kommissariates Beasain, bestehend aus Don José Luis Gonzales Villanueva, Dienstnummer 10206, und Don Ignacio Jesús Mendiluce Echeberria, Dienstnummer 13326, beide in Polizeiuniform. Die Polizeibeamten folgten dem Angeklagten bis zu seinem Wohnsitz, um dort die entsprechenden Amtshandlungen durchzuführen. Nachdem die beiden Polizisten vor dem Gehöft angekommen waren, stiegen sie aus und wurden dabei von dem Angeklagten gesehen, da dieser durch das Bellen der Hunde alarmiert worden war. Der Angeklagte nahm daraufhin in vollkommen klarer Bewusstseinslage und in der

Absicht, zu töten, sein halbautomatisches Jagdgewehr Marke BENELLI, Modell SL-121, Kaliber 12/70, Fabrikationsnummer G36507, für welches er einen Waffenschein besaß und das sich in einer Art von Dachkammer befand und nicht in dem Zimmer, in dem er schlief, und lud es mit drei Patronen der Munition semimetalica Marke U.E.E., Typ RIO 100, Kaliber 12. In der Absicht, jedwede Gegenwehr zu verhindern, trat er, als die Polizisten ihm den Rücken zukehrten und völlig unvorbereitet waren, schnell aus dem Haus und gab zwei Schüsse ab: Einen aus einer Distanz von 2,5 Metern auf Don José Luis Gonzales Villanueva, den der Einschuss auf dem linken Schulterblatt traf, und einen aus einer Distanz von 1,5 Meter auf Don Ignacio Jesús Mendiluce Echeberria, den der Einschuss in der Nähe des rechten Schlüsselbeins traf. Beide waren auf der Stelle tot. Unmittelbar darauf benützte der Angeklagte das Funkgerät in dem Patrouillenwagen und sendete Funksprüche in der Art: ‚Ich hab zwei Bullen umgebracht wegen der Politik, die ihr macht.‘

Don José Luis Gonzales Villanueva war mit Doña Maria del Carmen Garcia Estepa verheiratet, die zum Zeitpunkt der Tat im siebten Monat schwanger war. Don Ignacio Jesús Mendiluce Echeberria war unverheiratet, seine Eltern sind D. Juan Francisco Mendiluce Aguirre und Da. Severina Echeberria Aldalur."

Die (auszugsweise) schriftliche Darstellung der Verteidigung

„Seit dem Jahr 1991 fühlt sich Mikel Otegi beobachtet und verfolgt, was im Jahr 1995 ein unerträgliches Ausmaß erreicht hatte. Dieses Gefühl, beobachtet und verfolgt zu werden, resultiert aus dem Umstand, dass bei Mikel Otegi eine gewisse Prädisposition besteht, die dadurch entstanden ist, dass es Zusammenstöße mit der Polizei gegeben hat, bei denen Otegi Verletzungen davontrug, und aus dem Umstand, dass die Polizei einen langen Zeitraum hindurch den Wohnsitz Mikel Otegis observierte, was dieser auf seine Person bezog.

Alle diese Umstände zusammen bewirkten das Gefühl einer unerträglichen Bedrängnis, was zu schweren seelischen Qualen führte."

Was das Besuchen des Rockkonzerts, das Zusichnehmen von alkoholischen Getränken, den Vorfall mit dem Polizisten in der Bar und das unvorschriftsmäßige Autofahren betrifft, geht die Darstellung der Verteidigung mit jener der Staatsanwaltschaft konform, den Streit mit dem Polizisten und die „ordnungswidrige Fahrweise" will die Verteidigung aber als Zeichen für seine schwere Alkoholisierung und mangelnde Kontrolle über seine Handlungen sehen. Die Verteidigung schildert außerdem noch die Kontroverse mit der Nichte. Otegi ist der Jüngste von 13 Geschwistern und hat eine fast gleichaltrige Nichte. In Anbetracht der Fahrweise ihres Onkels wollte sie lieber selber fahren. Nachdem Otegi sich weigerte, sie ans Steuer zu lassen, kam es zu gegenseitigen Beschimpfungen, schließlich hielt Otegi an, sie stieg aus und ging zu Fuß nach Hause.

Die Amtshandlung vor dem Gehöft, wo Mikel Otegi wohnte, wird von der Verteidigung so geschildert:

„Wenn fremde Leute kommen, bellen die Hunde. Seit geraumer Zeit steht Mikel Otegi jedes Mal, wenn die Hunde in der Nacht bellen, auf und geht hinaus, um nachzusehen, ob wieder die Polizei draußen steht. An diesem Tag tut er das Gleiche, barfuß und in der Unterhose, und trifft tatsächlich auf zwei Polizisten. Es ergibt sich eine lautstarke verbale Auseinandersetzung, im Zuge derer Mikel Otegi fordert, die Polizisten mögen verschwinden und ihn in Ruhe lassen. Die Polizisten ihrerseits fordern, er möge aufs Kommissariat mitkommen, um dort einen Alkoholtest durchführen zu lassen. Mikel Otegi verweigert dies, worauf einer der Polizisten, zwecks Erzwingung der Durchführung der Amtshandlung, die Waffe zieht. Otegi flüchtet völlig verängstigt ins Haus und sieht dort sein Jagdgewehr. Mikel Otegi ist ein geübter Jäger. Instinktiv nimmt er die Waffe und geht hinaus zu den Polizisten. Es kommt abermals zu einem heftigen Wortwechsel, der dazu führt, dass Mikel Otegi zwei Schüsse abgibt. Zu diesem Zeitpunkt befindet sich Mikel Otegi in einem Zustand vorübergehender Bewusstseinsstörung als Folge der schweren Alkoholisierung, der seelischen Qualen aufgrund der Bedrängnis und aufgrund des Umstands, in der vorausgehenden Nacht nicht geschlafen zu haben. Nachdem die Schüsse gefallen waren, versucht Mikel Otegi dies der Polizei über das Funkgerät, das sich im Polizeiauto befindet, mitzuteilen. Dann bittet er noch seinen Bruder Ander, telefonisch die Polizei zu informieren, und wartet auf deren Eintreffen. Mikel Otegi macht keinerlei Anstalten zu fliehen, obwohl er die Möglichkeit dazu hat."

Dann folgen die mündlichen Darstellungen. Der

Staatsanwalt und der Privatbeteiligtenvertreter versuchen ganz offen, die Geschworenen von ihrer Version zu überzeugen: „Der Angeklagte gab in vollkommen klarer Bewusstseinslage plötzlich und völlig unerwartet, als die Polizisten ihm den Rücken zukehrten, zwei tödliche Schüsse ab."

Der Verteidiger wählte eine subtilere Strategie. Ihm geht es auch darum, den Einfluss der Medien so gut es geht abzuschwächen.

„Es ist das erste Mal, dass Sie sich in dieser Situation befinden, und es ist Ihnen vielleicht nicht so ganz wohl dabei, seien Sie ganz beruhigt, uns geht es nicht anders. Auch wenn ich einige Jahre Berufserfahrung habe, was den Geschworenenprozess anbelangt, bin ich ein Neuling. Was Sie zu machen haben, ist einfach, Sie haben ja sicher Filme gesehen, und es ist hier nicht anders als im Film. Schuldig oder nicht schuldig. Es gibt aber einen wesentlichen Unterschied. In dem Fall hier, in dem Sie zu entscheiden haben, tragen Sie eine schwere Verantwortung auf Ihren Schultern. Die Sache ist einfach, wenn Sie sich an das halten, was ich Ihnen jetzt sage. Vergessen Sie alles, was Sie über den Fall außerhalb dieses Gerichtssaals gelesen oder gehört haben. Über die Medien wurde eine ganze Menge von Lügen verbreitet. Dass Herr Otegi einer bestimmten Partei angehört, dass die Polizisten rücklings erschossen wurden, dass Herr Otegi voller Hass war. Lassen Sie alles außer Acht, was sich nicht hier vor Ihren Augen abspielt, und beachten Sie nur das, was Sie in diesem Saal hören und sehen werden. Auch während des Prozesses kann es sein, dass Sie außerhalb dieses Saales irgendwelche Kommentare hören, bei Ihnen zu Hause, auf der Straße, in einer Bar. Lassen Sie alles außer Acht, was Sie außerhalb dieses Gerichtssaals hören.

Wir werden Ihnen helfen. Und was mich betrifft, so werde ich es tun, ohne die Stimme zu erheben, und ich werde versuchen, keine emotionalen Fakten einzubringen, die Sie in Ihren Überlegungen beeinflussen könnten. Ich will, dass Sie es sind, die Für und Wider abwägen, und ich will, dass Sie es in einer Atmosphäre der Ruhe und Gelassenheit tun. Ob Mikel der ist, der die Schüsse abgegeben hat? Ich kann Ihnen gleich sagen, dass es so ist. Darüber brauchen Sie sich keine Gedanken machen, da es feststeht, dass er die Schüsse abgegeben hat. Aber wenn ein Schlafwandler tötet oder ein kleines Kind einen Brand auslöst, werdet Ihr sie nicht für schuldig befinden. Warum werdet Ihr sie nicht für schuldig befinden? Weil sie nicht wissen, was sie tun. Auch einen, der an einer totalen Bewusstseinsstörung leidet, aufgrund von Drogen, Alkohol oder psychischen Problemen, werdet Ihr nicht für schuldig befinden. Das ist der Kern der Sache. Vertrauen Sie auf Ihren Verstand und achten Sie auf die Beweise und nicht auf die Redekunst der Talare."

Ich hab zwei Bullen erschossen

Im Zuge der Beweisaufnahme werden von den Polizisten verschiedene Versionen des Funkspruchs wiedergegeben. Eine lautet: „Ich hab zwei Bullen umgelegt", eine andere: „Die Politik, die ihr macht, geht mir schon lange auf die Eier, ich hab zwei Bullen umgelegt" und eine andere: „Wegen der Politik, die ihr macht, hab ich zwei Bullen umgelegt."

Übereinstimmend sind hingegen die Aussagen, wonach einige Minuten später, während die Polizisten noch überlegten, ob sie den Funkspruch ernst nehmen sollen oder nicht, ein Mann anrief, der sagte, er sei Ander Otegi, wohne in Itsasondo am Gehöft Oteízabal, sein Bruder sei betrunken und habe zwei Polizisten erschossen.

Übereinstimmend sind auch die Aussagen, wonach Mikel Otegi keinerlei Anstalten machte zu flüchten, obwohl er zwei Autos zur Verfügung hatte, sein eigenes Auto und das Polizeiauto. So sagte der Bruder José Manuel aus, dass Mikel flüchten hätte können, dass sie nichts taten, um ihn daran zu hindern, und dass er hörte, wie Mikel zur Mutter sagte, er müsse jetzt ins Gefängnis, und versuchte, sie zu trösten. Und die Schwester Pilar sagte aus, dass Mikel völlig außer sich gewesen sei und dass er zur Mutter gesagt habe, sie möge doch aufhören zu weinen und sich mit dem, was passiert ist, abfinden.

Uneinigkeit herrschte darüber, was es mit dem Ausspruch „Zwei Hurensöhne weniger" auf sich hatte. Ein Zeuge sagte: „Mein Hof liegt oberhalb von dem Gehöft Oteízabal. Als ich die Straße hinunterfuhr, stand Ander da, mitten auf der Straße, und es lag da ein toter Polizist. Ich fragte ihn, was passiert ist, und er sagte, es war sein Bruder. Ich habe gefragt, ob der

Polizist tot ist, und Ander hat gesagt, ‚Zwei sind tot'. Dann tauchte Mikel auf, völlig rabiat, und sagte, ‚Zwei Hurensöhne weniger', und machte eine Bewegung mit dem Fuß, wie ein Fußtritt, in Richtung zu den toten Polizisten."

Der Bruder José Manuel hingegen sagte aus, dieser Ausspruch habe unliebsamen Nachbarn gegolten. „Sie kamen in einem Lieferwagen, Vater und Sohn, Mikel wurde wütend und sagte: ‚Haut ab, haut ab', und sie fuhren weg. Dann sagte er, ‚Zwei Hurensöhne weniger'."

Auf Antrag der Staatsanwaltschaft werden auch zwei Fahrer von einem Speditionsunternehmen, mit denen Otegi wochenlang unterwegs war, vernommen, und zwar zu der Frage, ob Otegi sich tatsächlich von der Polizei verfolgt fühlte. Otegi hatte sich nämlich, wie er es darstellte, um der Verfolgung durch die Polizei zu entkommen, bei einem Speditionsunternehmen beworben, wo er auch auf Probe aufgenommen wurde. Und so war er die Monate vor der Tat zwischen dem Baskenland und Deutschland als Beifahrer unterwegs. Nur am Wochenende war er zu Hause. An jenem Freitag, an dem er das Rockkonzert besuchte und anschließend die Nacht durchmachte, war er gerade von einer Fernfahrt nach Deutschland zurückgekommen.

Die Fernfahrer sagen aus, dass er nichts von einer Verfolgung durch die Polizisten erzählt habe und auch nichts über den Grund seiner Bewerbung bei dem Speditionsunternehmen.

Sein Verteidiger bringt dazu vor, dass sein Mandant wohl nicht so dumm sein werde, noch dazu in der Probezeit, zu erzählen, dass er von der Polizei verfolgt wird, und damit zu provozieren, dass ein Arbeitskollege zum Chef sagt: „Hör mal, den Kumpel, den du da einstellen willst, den hat die Polizei im Visier."

Gegen Ende der Beweisaufnahme wird ein ganz wichtiger Sachverhalt bekannt: Neben dem toten José Luis Gonzales Villanueva lag seine Dienstpistole, aus dem Futteral gezogen.

Zuletzt kommen die Sachverständigen zu Wort. Aufgrund der Einschüsse wird die Körperhaltung in dem Moment, in dem die Einschüsse erfolgten, rekonstruiert. Die Sachverständigen zeigen es auf einem Monitor. Gonzales Villanueva war in dem Moment, als ihn der Einschuss traf, in der Hocke, nach vorne gebeugt, hatte den linken Arm nach vorne gestreckt und den Körper verdreht. Da die Waffe am Boden neben seiner rechten Hand gefunden wurde, hatte er die Waffe vermutlich in seiner rechten Hand, als ihn die Schüsse trafen. Die Körperhaltung, die die Sachverständigen auf dem Monitor zeigen, deutet, wie der Verteidiger anschließend ausführt, darauf hin, dass Gonzales Villanueva jemanden gesehen hat. „Das ist die Haltung, die jemand einnimmt, in dem Moment, in dem er eine andere Person wahrnimmt. Es kann eine Defensivhaltung oder es kann eine Offensivhaltung sein. Wir kennen diese Bewegung, diese Haltung aus den Filmen. Ein Knie auf dem Boden, das andere in der Hocke, den Oberkörper nach vorne geneigt und die Pistole nach vorne gestreckt. Den Oberkörper dabei leicht verdreht. Das ist der Grund, warum der Einschuss auf das obere Schulterblatt kam."

Zur Beurteilung der Frage, ob Mikel Otegi Herr seiner Sinne war oder nicht, wurden mehrere Gutachter bestellt, zwei Gerichtsmediziner – in Spanien arbeiten immer zwei Gutachter zusammen an der Erstellung eines Gutachtens – aus San Sebastian bzw. aus Bilbao und zwei Psychiater aus der Region Goierri, in der die Gemeinde Itsasondo liegt, wo sich der Fall zugetragen hatte. Die Gerichtsmediziner wurden von Amts wegen bestellt, die Psychiater auf Antrag der Verteidigung und der Privatbeteiligten, denn diese schlossen sich dem betreffenden Antrag der Verteidigung an.

Die Gerichtsmediziner aus San Sebastian bzw. aus Bilbao kamen zu dem Ergebnis, dass Mikel Otegi wusste, was er tat, und nur eine leichte beziehungsweise teilweise Bewusstseinsstörung hatte. Die zwei Psychiater aus Goierri, die nicht nur mit ihm selbst, sondern auch mit seiner Familie eingehend gesprochen hatten, kamen dagegen zu dem Ergebnis, dass er zum Zeitpunkt der Tat vollkommen die Kontrolle über seine Handlungen verloren hatte.

Und dann stellt der Verteidiger die Frage, die vermutlich entscheidend war für den Ausgang des Verfahrens: „In welcher Sprache haben Sie mit dem Angeklagten gesprochen?" Die Antwort lautet bei den Psychiatern „en euscera" (auf Baskisch), bei den Gerichtsmedizinern „en castellano" (auf Spanisch) – unter Zuhilfenahme eines Übersetzers.

Kurz darauf entsteht ein Tumult im Gerichtssaal. Verwandte der Opfer bedrohen Mikel Otegi und seinen Verteidiger. Der Gerichtsdolmetsch übersetzt: „Dieses Schwein, das den auch noch verteidigt, ist schuld. Den bringen wir auch um. Drecksau. Wir legen dich um und wir legen dieses Dreckschwein Otegi um."

Der Prozess dauert etwas mehr als eine Woche.

In seinem Schlussplädoyer hebt Miguel Castells insbesondere den Unterschied zwischen den Gerichtsmedizinern und den Psychiatern hervor. „Die Gerichtsmediziner arbeiteten mit einem Dolmetsch und sie haben selbst auf meine Frage zugegeben, dass es ihnen große Schwierigkeiten machte, die Untersuchungen unter Zuhilfenahme eines Übersetzers durchzuführen. Sie fügten zwar hinzu, dass diese Schwierigkeiten zum Teil durch die Qualität des Übersetzers behoben werden konnten und auch durch die Kooperationsbereitschaft des Herrn Otegi, aber sie sagten: ‚Zum Teil, zum Teil konnten sie behoben werden.‘ Und das gibt uns zu denken. Denn wenn diese Schwierigkeiten nur zum Teil behoben werden konnten, heißt das: zum Teil nicht. Die anderen Sachverständigen, die Psychiater, diese Gutachter aus Goierri, machten die Untersuchung zur Gänze in Baskisch und überdies untersuchten sie nicht nur Mikel Otegi, sondern sein ganzes Umfeld, seine Familie, seine Freunde etc. Welche Bedeutung diesem Umstand zukommt, werden Sie zu entscheiden haben. Obwohl meine Sprache das Castellano ist, so wie von einigen von Ihnen auch, habe ich enormen Respekt vor den baskisch Sprechenden und ich will Ihnen einen Ausspruch nicht vorenthalten, ich glaube, er stammt von dem Anthropologen Aita Barandiáran, und er lautet: Die mentale Struktur eines baskisch Sprechenden ist vollkommen anders als die eines spanisch Sprechenden.“

Am nächsten Tag erstellte der Richter die Liste der Fragen an die Geschworenen, die er dann den Parteienvertretern zur Begutachtung vorlegte und die diese in weiterer Folge mit dem Richter zusammen noch überarbeiteten und ergänzten.

Otegis Verteidiger, Miguel Castells

Justizpalast von San Sebastian

Die Zweifelsregel und der Wahrspruch

Um sechs Uhr abends ließ der Richter die Geschworenen in den Verhandlungssaal holen, übergab ihnen den Fragenkatalog und erteilte ihnen öffentlich die Rechtsbelehrung. Dabei erläuterte der Richter ziemlich ausführlich die Zweifelsregel, was er später vermutlich bereut hat. Die Zweifelsregel sagt, dass die Geschworenen im Falle, dass sie Zweifel hegen und diesen Zweifel nicht ausräumen können, so zu entscheiden haben, wie es für den Angeklagten günstiger ist.

Dann zogen sich die Geschworenen in ihr Beratungszimmer zurück. Dorthin brachte man ihnen auch das Essen. Sie waren schon mit ihren Koffern gekommen, denn sie mussten im Hotel wohnen; so lange, bis sie ihre Aufgabe erfüllt hatten. Im Gesetz steht zwar nur, dass die Beratung hinter verschlossenen Türen stattzufinden hat und dass kein Kontakt mit Außenstehenden gestattet ist, bis der Wahrspruch verkündet wird, nicht jedoch, ob die Geschworenen zu Hause übernachten dürfen oder nicht. Man hat bei der Erarbeitung dieses Gesetzes offenbar nicht daran gedacht, dass sich die Beratung auch über mehrere Tage hinziehen kann – was bei einem Fragenkatalog von 95 Fragen kaum anders denkbar ist. Das Gesetz schweigt auch darüber, ob sie telefonieren dürfen oder nicht. Sollen ihnen die Mobiltelefone abgenommen werden? Wer kontrolliert, ob sie telefonieren? Wer kontrolliert, ob sie jemanden anrufen, um sich beraten zu lassen?

Am nächsten Morgen lassen die Geschworenen dem Richter mitteilen, dass sie noch einige Fragen haben. Eine ergänzende Information darf jedoch nur im Beisein der Parteien und der Öffentlichkeit gegeben werden. „So begaben wir uns wieder in den Verhandlungssaal", erinnert sich Miguel Castells. „Schon aufgrund der Fragen entstand bei mir so etwas wie eine Vorahnung, dass die Sache zu unseren Gunsten ausgehen könnte. Doch mehr noch entstand diese Vorahnung dadurch, dass die Geschworenen wollten, dass weder Publikum noch Polizisten anwesend sind, wenn der Wahrspruch verlesen wird. Nachdem der Richter sich mit den Parteien beraten hatte, teilte er den Geschworenen mit, dass man ihrem Wunsch nachkommen werde, sie könnten den Wahrspruch hinter verschlossenen Türen verlesen, aber es ginge nicht, dass die Polizisten ausgeschlossen werden. Dann baten sie den vorsitzenden Richter noch, mit der Veröffentlichung des Wahrspruches so lange zu warten, bis sie alle zu Hause sind, und überdies sollten in allen Papieren ihre Namen unkenntlich gemacht werden. Es war zu diesem Zeitpunkt kaum Publikum im Saal, weil es sehr früh war, aber die Presse war da und am nächsten Tag stand alles in der Zeitung."

Schon am gleichen Tag, um vier Uhr Nachmittag, ersuchen die Geschworenen, den Sekretär zu schicken, damit er ihnen hilft, den Wahrspruch zu schreiben. Das bedeutet, sie haben schon abgestimmt. Wenn es zu einem Freispruch kommt, muss der Angeklagte sofort enthaftet werden.

„Bei der Stimmung, die herrschte, und bei den Morddrohungen, konnte ich Mikel nicht allein auf die Straße lassen", erzählt Miguel Castells. „Meine Kollegin, Maria José Aguado, und ich, wir beide konnten ihm nicht ausreichend Schutz bieten. Ich rufe meinen Kollegen Imanol Otegi an, um ihm zu sagen, er möge sofort kommen, aber der ist nicht in seinem Büro, und so rufe ich einen der Brüder von Otegi an und sage ihm, dass gleich der Wahrspruch verkündet wird, hinter verschlossenen Türen, die Familie kann nicht dabei sein, aber er soll sofort herkommen und er soll noch mindestens drei seiner Brüder mitbringen, und sie sollen mit dem Auto kommen."

Kurze Zeit später ist der Wortführer der Geschworenen bereit, hinter verschlossenen Türen den Wahrspruch zu verlesen. Mikel wird in den Verhandlungssaal gebracht. Der Wortführer beginnt zu lesen. „Erwiesene Sachverhalte: 5, 6, 12 ..., nicht erwiesene Sachverhalte: 1, 2, 3 ..." Castells schreibt auf die Hinterseite des Fragenkataloges mit großen Buchstaben FREI und hält das Papier hoch, sodass Mikel es sehen kann. Die Begründung, die der Wortführer anschließend an die Aufzählung der 95 Fragen samt Antworten verliest, lautet (in ziemlich holprigem Spanisch): „Was die Fragen Nummer 92, 93, 94 und 95 betrifft, sind die Geschworenen mehrheitlich zu der Überzeugung gelangt, dass zwar erwiesen ist, dass der Angeklagte die beiden Polizisten getötet hat, jedoch die Geschworenen kennen nicht die Tatumstände oder halten diese für nicht erwiesen, weswegen sie, angesichts der Zweifel und wegen dem, was das Gesetz fordert, gedacht haben, dass die gegebenen Antworten am angemessensten sind."
Hinsichtlich der Entscheidung zu den in den übrigen 91 Fragen dargestellten Sachverhalten gibt der Wortführer keinerlei Erklärung ab.

In dem Zusammenhang ist zu erwähnen, dass nach spanischem Recht jemand, der eine Straftat im Zustand der vollen Berauschung begeht, dafür strafrechtlich nicht verantwortlich ist. In Österreich ist der Täter in so einem Fall mit Freiheitsstrafe bis zu drei Jahren zu bestrafen.
Sofort nach Verlesung des Wahrspruches verfügt der Richter die Enthaftung von Mikel Otegi.
In der Tageszeitung „El Mundo" ist zu lesen, dass die Fra-

gen an die Geschworenen so kompliziert waren, dass diese sie nicht verstehen konnten. Ob dies der Fall ist, mögen die Leserinnen und Leser selbst beurteilen. Der Fragenkatalog ist aber jedenfalls so umfangreich, dass er schon aus diesem Grund mühsam zu lesen ist. Da die Lektüre der Fragen nicht notwendig erscheint, um dem Fortgang der Geschichte folgen zu können, wird der Fragenkatalog im Anschluss an diese Fallschilderung wiedergegeben.

Der Wahrspruch der Geschworenen hat in der Öffentlichkeit eine Sturmflut der Empörung ausgelöst. Es gab wohl kaum eine Zeitung in ganz Spanien, die nicht mit dem unerwarteten Freispruch titelte: „Kaltblütig geschossen", „Die Angst ist unbesiegbar", „Die Geschworenen sprechen Otegi, der zwei Polizisten erschossen hat, frei, weil sie glauben, dass er nicht Herr seiner Sinne war", „Entrüstung bei den politischen Parteien wegen eines Urteiles, das sie für ein Produkt der Angst halten", „Sie gaben die Lizenz zum willkürlichen Töten", „Angst und Entsetzen nach dem Freispruch", „Nach Mord an Polizisten auf freiem Fuß", „Inaki und José Luis zum zweiten Mal ermordet".

Einen Tag später: „Vorsitzender Richter, sichtlich gezeichnet von dem unerwarteten Freispruch, bittet die Familien der Opfer zu sich in den Justizpalast, um sich bei ihnen zu entschuldigen und ihnen seine Anteilnahme auszudrücken." „Rechtsgelehrte halten es für geradezu unmöglich, dass das Urteil aufgehoben wird." „Empörung bei den Familien der Opfer." „Demonstranten riefen in Sprechchören ,Es lebe Mikel Otegi'." „Mehr als hundert Festgenommene in Euskadi und in Navarra wegen Gewalt und Sabotage."

Der Fall Otegi bleibt auch in den nächsten Tagen, Wochen und Monaten in den Schlagzeilen: „Geschworenengericht ohne Tradition", „Laiengerichtsbarkeit am Pranger". „Tausende baskische Polizisten und deren Familien verlangen Gerechtigkeit." „Die Volkspartei verlangt, dass die Delikte gegen die Staatsgewalt nicht vor einem Laiengericht verhandelt werden." „Sie schossen auf die Laiengerichtsbarkeit", und auf einer Internetseite kann man lesen: „Die Zusammensetzung der Geschworenenbank grenzt an eine Groteske: Von den 36 ausgelosten Staatsbürgern aus Guipúzcoa präsentierten 27 Entschuldigungen. Einige brachten vor, dass sie die Familie des Mörders kannten, andere brachten vor, dass sie nicht spanische Staatsbürger seien, sondern baskische. Unter den neun, die bereit waren, an dem Verfahren teilzunehmen, war eine Frau, die nicht spanisch sprach, sondern nur baskisch. Eine Frau, die mit einem Funktionär von Herri Batasuna verheiratet war, übersetzte für die Frau, die nicht spanisch verstand, ohne dass jemand überprüfte, ob sie das richtig machte.

Herri Batasuna heißt so etwas wie „Volkseinheit", definiert sich selbst als „linkspatriotisch", wurde 1978 als Wahlplattform gegründet, 2001 unter dem Namen „Batasuna", was „Einheit" heißt, neu gegründet und 2003 in Spanien mit der Begründung, der politische Arm der ETA zu sein, für illegal erklärt.

Dann war da noch eine Frau, die alle anderen überzeugte, dass die richtige Anwendung des Grundsatzes ‚in dubio pro reo' – im Zweifel für den Angeklagten – darin bestehe, den Angeklagten freizusprechen. Und die ganz Einfältigen unter ihnen meinten, den Angeklagten verurteilt zu haben und er für mehr als 15 Jahre ins Gefängnis müsse."

In den Medien wurde der Freispruch vielfach als ein Produkt der Angst der Geschworenen vor Terroranschlägen dargestellt, mit der Begründung, dass Otegi Leiter der Jarrai, einer der ETA nahestehenden Jugendorganisation, gewesen sei. Sein Verteidiger hingegen sagt, dass von Drohungen durch die ETA nichts bekannt wurde, nur von Morddrohungen der anderen Seite, die ja sogar öffentlich im Gerichtssaal stattgefunden hätten, wofür die Urheber auch zur Rechenschaft gezogen wurden. Der Bruder eines der getöteten Polizisten ist laut einem Zeitungsbericht empört darüber, dass er wegen der Morddrohungen verurteilt werden soll. „Der Druck, unter dem wir standen, hat uns dazu gebracht, Dinge zu sagen, die wir nicht tun würden. Der Einzige, der getötet hat, ist Mikel Otegi, und dann hat er noch gesagt, ‚Zwei Hurensöhne weniger‘.“

Das Urteil

Der Richter, der ja die Aufgabe hat, auf der Basis des Wahrspruchs der Geschworenen ein Urteil zu verfassen, hält mit seiner eigenen Meinung nicht hinter dem Berg und führt in dem Urteil unter der Überschrift „Rechtliche Grundlagen" unter anderem aus:

„Zum Zeitpunkt der Erstellung des Urteils lagen nach Auffassung des vorsitzenden Richters ausreichende Beweise für eine Verurteilung vor, und zwar bestehend aus der Aussage des Angeklagten, den Aussagen seiner Familienangehörigen, den Aussagen der Polizeibeamten, die den Angeklagten festnahmen, den Aussagen der restlichen Zeugen, den psychiatrischen Gutachten, der Autopsie und der ballistischen Gutachten. Davon abgesehen bestand nach Auffassung des vorsitzenden Richters ein Defizit in den von der Anklageseite angebotenen und im Verfahren aufgenommenen Beweisen, insbesondere was die psychiatrischen Gutachten anbelangt.

Die Gerichtsmediziner führten ihre Untersuchungen in Spanisch, unter Zuhilfenahme eines Übersetzers, durch. Die Gutachter, die auf Antrag der Verteidigung bestellt wurden, führten ihre Untersuchungen zur Gänze in Baskisch, ohne Zuhilfenahme eines Übersetzers, durch. Ein Umstand, der von der Verteidigung betont wurde. Nach Auffassung des vorsitzenden Richters hätte dieses Defizit dadurch behoben werden können, dass von Anklageseite in der Voruntersuchung oder auch am Beginn der mündlichen Hauptverhandlung die Bestellung eines psychiatrischen Gutachtens durch einen baskisch sprechenden Gutachter beantragt worden wäre, um zu verhindern, dass den Gutachten der allgemein anerkannten Kapazitäten, den Gerichtsmedizinern Don

Luis Miguel Querejeta und Don Guillermo Portero, von den Geschworenen weniger Beweiskraft zugemessen wird.

Ein zusätzliches Defizit wird vom vorsitzenden Richter auch darin gesehen, dass es der Anklageseite nicht gelungen ist, den Unterschied zwischen den Gerichtsmedizinern, die von Amts wegen bestellt wurden, und den Gutachtern, die auf Antrag einer Partei bestellt wurden, was die Unparteilichkeit beziehungsweise Parteilichkeit anbelangt, aufzuzeigen. Es konnte dies auch nicht ersatzweise durch den vorsitzenden Richter saniert werden, denn dies hätte den Verlust seiner Unparteilichkeit bedeutet. Bei der Erstellung des Abstimmungsprotokolls haben die Geschworenen nicht die gesetzlich vorgeschriebenen Aufgaben erfüllt, da die Geschworenen in keiner Weise angegeben haben, worauf sie ihre Überzeugung stützen. Der vorsitzende Richter hat jedoch nicht die Möglichkeit, den Geschworenen das Abstimmungsprotokoll zur Verbesserung zurückzustellen, da dies im Gesetz nicht vorgesehen ist."

Und dann gibt der Richter noch einen Hinweis betreffend die mögliche Fehlerhaftigkeit des Wahrspruchs: „Dass die Geschworenen ihre Entscheidung nicht ausreichend begründet haben, könnte einen Grund für ein Rechtsmittel darstellen."

Im Gesetz ist aufgezählt, aus welchen Gründen der Richter das Abstimmungsprotokoll den Geschworenen zur Verbesserung zurückstellen kann. Die „mangelnde Begründung der Antworten auf die Fragen" ist dort nicht enthalten. Diese planwidrige Lücke wird jedoch – wie sinngemäß auch das Berufungsgericht ausführt – mittlerweile dadurch geschlossen, dass das Fehlen der Begründung unter dem Punkt „relevante Fehler bei der Beratung und

Abstimmung" subsummiert wird. Das bedeutet, dass der Richter den Geschworenen das Abstimmungsprotokoll wegen der mangelhaften Begründung zur Verbesserung zurückstellen hätte können.

Meiner Ansicht nach liegt die Vermutung nahe, dass der Richter dies gar nicht wollte. Für die Geschworenen wäre es ein Leichtes gewesen, diesen Mangel zu sanieren. Sie hätten nur schreiben müssen, dass ihnen die Gutachten der baskisch sprechenden Psychiater überzeugender erschienen, weil der Angeklagte sich in seiner Muttersprache ausdrücken konnte. In diesem Fall hätte es keinen Aufhebungsgrund gegeben. Dass der Richter mit der Entscheidung der Geschworenen nicht einverstanden war, war ja offensichtlich.

Über die zivilrechtlichen Ansprüche der Privatbeteiligten entscheidet der Richter alleine. Er verurteilt Otegi zu einer Schadenersatzzahlung an die Familien der Opfer in der Höhe von insgesamt 25 Millionen Pesetas, das entspricht etwa 150.000 Euro.

Die Tageszeitung El Mundo kommentiert dieses Urteil unter der Überschrift „Das Urteil im Fall Otegi" so: „Artikel 120.3 der spanischen Verfassung sieht vor, dass Urteile ausnahmslos begründet und öffentlich verkündet werden müssen. Warum? Damit man die genauen Gründe für die Verurteilung bzw. den Freispruch erfährt und die Urteile bekämpft werden können und damit keine willkürlichen Urteile ergehen. Damit keine Urteile ergehen wie das, in dem nach einem Doppelmord ein Freispruch erfolgte und dieser nicht einmal begründet wurde. Die Lektüre des Urteils des vorsitzenden Richters José Luis Barragán lässt zwei Schlüsse zu: der erste ist, dass das Gerichtsverfahren eine Verhöhnung des Gesetzes war, und der zweite ist, dass das Gesetz schlecht gemacht ist. Der Fall Otegi war ein Desaster. Aber sogar Desaster können ihr Gutes haben, wenn sie dazu dienen, für die Zukunft etwas zu lernen."

Eine Art von Pseudoerklärung

Erwartungsgemäß und wie in den Zeitungen berichtet wurde, bringen Staatsanwalt und Privatbeteiligte Rechtsmittel an den Tribunal Superior de Justicia de la Comunidad Autónoma del Pais Vasco ein. Sie machen unter anderem mangelhafte Begründung, mangelhafte Rechtsbelehrung durch den Richter und den Umstand, dass die Geschworenen nicht angegeben haben, mit welchen Mehrheiten die Entscheidungen gefallen sind, geltend. Dies, obwohl das Gesetz vorsieht, dass bei einem nachteiligen Sachverhalt eine Mehrheit von sieben Stimmen erforderlich ist und bei einem vorteilhaften Sachverhalt eine Mehrheit von fünf Stimmen. Ferner macht die Staatsanwaltschaft geltend, dass die Geschworenen bedroht und genötigt wurden und dass das Verfahren daher schon aus diesem Grund für nichtig zu erklären ist. Überdies fordert die Staatsanwaltschaft, dass das Verfahren vor einem Geschworenengericht außerhalb der Provinz Gipúzcoa neu durchgeführt wird.

Das Berufungsgericht entscheidet nach mündlicher Verhandlung am 20. Juni 1997 in der Weise, dass es ausspricht, dass eine mangelhafte Rechtsbelehrung sofort gerügt hätte werden müssen und daher nunmehr nicht mehr geltend gemacht werden könne. Überdies werde nicht angeführt, worin der Mangel in der Rechtsbelehrung bestehen solle. Ebenso hätte die fehlende Angabe der jeweiligen Mehrheiten gleich nach der Verlesung des Wahrspruches in öffentlicher Verhandlung gerügt werden müssen und könne nun gleichfalls nicht mehr geltend gemacht werden. Hinsichtlich der behaupteten Drohungen und Nötigungen spricht das Berufungsgericht aus, dass diese in keiner Weise bewiesen sind und daher für eine Neudurchführung außerhalb der Provinz Gipúzcoa kein Grund besteht.

Was hingegen das Fehlen einer Begründung anbelangt, ist das Berufungsgericht der Auffassung, dass es sich hierbei um einen Verstoß gegen ein fundamentales Recht handle, das geltend gemacht werden kann, auch wenn der Verstoß im Verfahren nicht gerügt wurde. Dazu führt das Berufungsgericht aus:

„Wenn das Gesetz eine knappe Erläuterung der Gründe, aus welchen bestimmte Sachverhalte als erwiesen angesehen werden oder nicht, fordert, so ist das nicht so zu verstehen, dass nur bei einigen der Sachverhalte eine solche Erläuterung gefordert ist, sondern es ist dies so zu verstehen, dass bei allen Sachverhalten eine Begründung gefordert ist.

In dem Abstimmungsprotokoll haben die Geschworenen ausnahmslos bei allen Sachverhalten, ob sie als erwiesen deklariert wurden oder nicht, anzugeben, welche Gründe zu dieser Entscheidung geführt haben. Die in Artikel 120 der Verfassung verankerte Verpflichtung zur Begründung eines Urteils hat einerseits den Zweck, dem Rechtsunterworfenen die Kenntnis der Gründe der Entscheidung zu ermöglichen, andererseits den Zweck, die Möglichkeit der Bekämpfung des Urteils, sei es von Seiten des Angeklagten, sei es von Seiten der Anklagebehörde, zu eröffnen.

Die Geschworenen sind dem Auftrag, ihre Entscheidung zu begründen, nicht nachgekommen. Bei den 91 Sachverhalten, die die Geschworenen als erwiesen bzw. nicht erwiesen angesehen haben, wurde keine Begründung angegeben. Hingegen haben die Geschworenen dort, wo überhaupt keine Begründung gefordert ist, nämlich bei den Fragen 92-95, wo es lediglich um Schuld oder Nichtschuld geht, in völlig unangebrachter Weise eine Art von Pseudoerklärung abgegeben, was den Anschein erweckt, dass sie am Ende den schweren Mangel noch sanieren wollten.

Die Erklärung der Geschworenen, *angesichts der Zweifel und wegen dem, was das Gesetz fordert,* ist nichts anderes als die nochmalige Wiedergabe der Entscheidung, die jeglicher Begründung entbehrt. Die Geschworenen benützen die Zweifelsregel des Gesetzes anscheinend als Schutzschild für ihre Behauptung, von nicht ausräumbaren Zweifeln befallen zu sein und daher so entscheiden zu müssen, wie es für den Angeklagten am günstigsten ist. Die Geschworenen geben in keiner Weise an, woraus diese Zweifel resultieren, worauf sie sich beziehen, und haben auch nicht einmal die minimalste Anstrengung unternommen, die Zweifel auszuräumen. So verlangten die Geschworenen hinsichtlich dieser Zweifel keine Ergänzung der Rechtsbelehrung, die das Gesetz einräumt, um allfällige Unsicherheiten zu beseitigen. Dies bedeutet, dass die Geschworenen nicht einmal ein Mindestmaß an Sorgfalt, die die Ausübung dieses Amtes erfordert hätte, aufgewendet haben. Das gänzliche Fehlen einer Begründung stellt einen relevanten Mangel dar."

Auf die Behauptung der Verletzung des Rechtes auf ein faires Verfahren wegen Fehlen der Öffentlichkeit geht das Rechtsmittelgericht unter Hinweis auf die Aufhebung des Urteils nicht ein.

Das erstgerichtliche Urteil wurde somit aufgehoben und die Rechtssache zur neuerlichen Entscheidung durch ein anderes Geschworenengericht an das Erstgericht zurückverwiesen.

Die Aufhebung des Urteils wurde in der Öffentlichkeit mit großer Genugtuung aufgenommen, insbesondere von den Befürwortern der Geschworenengerichtsbarkeit. So erklärte der Präsident der Vereinigung „pro jurado", dies zeige, dass das Gesetz funktionierende Schutzmechanismen für den Fall eines Irrtums eingebaut habe.

Zur Formierung eines neuen Geschworenengerichtes ist es indes bis heute nicht gekommen. Nur wenige Tage, nachdem bekannt wurde, dass das Berufungsgericht das Urteil des Erstgerichtes aufgehoben hat, tritt Otegi die Flucht an. Er setzt sich Anfang Juli 1997 nach Frankreich ab.

Miguel Castells erhebt gegen die Entscheidung des Berufungsgerichtes Rechtsmittel an den Obersten Gerichtshof. Ohne Erfolg. Das Urteil des Berufungsgerichtes wird bestätigt. Der Freispruch durch die Geschworenen bleibt aufgehoben und der Prozess muss neu durchgeführt werden. Das ist aber ohne den Angeklagten nicht möglich. Der ist nach wie vor verschollen.

Jahre später wird Otegi in Frankreich festgenommen. Laut einem Zeitungsbericht trug er nach Angaben der Polizei Schlüsselbünde für dreißig Häuser bei sich. Es wird vermutet, dass Mikel Otegi damit beauftragt war, Unterkünfte für die nach Frankreich geflüchteten „Etarras", also für die Mitglieder der ETA, zu besorgen. Nach Verbüßung einer Haftstrafe in Frankreich wird Otegi an Spanien ausgeliefert.

Mit Dekret vom 1. Februar 2005 ersucht die Staatsanwaltschaft von San Sebastian die Guardia Civil um einen Bericht über die Verbindungen des Angeklagten

Mikel Otegi bei seiner Festnahme in Frankreich

Mikel Otegi mit der Terrororganisation ETA und mit der ETA nahestehenden Organisationen wie „Jarrai", „Gestoras pro Amnistía", „Batasuna" und „Herri Batasuna", und zwar sowohl zum Zeitpunkt der Tat als auch danach.

Der Grund für dieses Ersuchen ist offensichtlich: Für Terrorakte sind Berufsrichter zuständig und nicht Laienrichter. Man will einen neuerlichen Freispruch durch ein neues Geschworenengericht vermeiden.

Mit Datum vom 6. Mai 2005 liefert die Guardia Civil einen zwanzigseitigen Bericht, in dem sie nicht nur minutiös ausbreitet, welche Veranstaltungen Otegi besucht hat, welche Lokale er frequentiert und welche Leute er im Gefängnis besucht hat, sondern schildert quasi als Fleißaufgabe auch noch ausführlich die Aktivitäten der beiden Verteidiger Otegis, Imanol Otegi und Miguel Castells. So wird penibel aufgelistet, wann Imanol Otegi und Miguel Castells Mitglieder der ETA verteidigt haben, wann sie wen im Gefängnis besucht haben und an welchen politischen Veranstaltungen sie teilgenommen haben. Abschließend heißt es dann: „Das beweist nicht nur die Verbindung von Otegi zu Herri Batasuna, sondern auch den Umstand, dass es, wie auch in vielen anderen Fällen, wo es um Straftaten der ETA und anderer Organisationen der MLNV geht, die Anwälte sind, die diesen Organisationen nahestehen."

Mit Schriftsatz vom 13. Mai 2005 beantragt die Staatsanwaltschaft unter Vorlage des Berichtes der Guardia Civil beim Erstgericht in San Sebastian, dass dieses sich hinsichtlich der Neudurchführung des Falles Otegi für unzuständig erkläre. Die Begründung lautet, dass es sich bei der Tat in Wahrheit um einen Terrorakt gegen die baskische Polizei handle und für dessen Aburteilung jedoch nicht ein Geschworenengericht, sondern die mit Berufsrichtern besetzte Audiencia Nacional in Madrid zuständig sei.

Die Staatsanwaltschaft führt dazu unter anderem aus: „Der Grund, warum sich diese Frage der Gerichtszuständigkeit jetzt stellt und nicht schon früher gestellt hat, beruht auf dem Umstand, dass seit der Enthaftung des Angeklagten Mikel Otegi neue wichtige Umstände ans Licht gekommen sind. Diese Umstände sind insbesondere seine Flucht nach Frankreich, seine Eingliederung in ein bewaffnetes Kommando der ETA, seine Festnahme am 22. Februar 2003, bei der er im Besitz von Feuerwaffen und gefälschten Dokumenten war, der Umstand, dass sein Name in Papieren aufscheint, die bei einem der Chefs eines bewaffneten Kommandos der ETA, Fernández de Iradi, genannt ‚el Súsper‘, beschlagnahmt wurden, sowie auch seine kürzlich erfolgte Verurteilung durch ein für Terrorismus zuständiges französisches Gericht. Diese nunmehr bekannt gewordenen Sachverhalte ermöglichen, auch wenn sie zeitlich nach der Begehung der Tat liegen, eine bessere Deutung der Begleitumstände und der inneren Tatseite des Angeklagten.

Die Erforschung des animus, der die handelnde Person leitet, ist nicht nur aus den Sachverhalten und Umständen, die vor der Tat oder zum Zeitpunkt der Tat vorgelegen haben, sondern auch aus Sachverhalten und Umständen, die nach der Tat vorliegen, vorzunehmen. Der Vorsatz bildet das Wollen, die Absicht und das innere Verlangen der handelnden Person. Dieses innere Verlangen ist in den tiefsten Bewusstseinsschichten versteckt und manifestiert sich nicht direkt, sondern kann nur aus Sachverhalten und Begleitumständen vor und nach der Tat abgeleitet werden. In diesem Lichte ist das Verhalten des Angeklagten kurz nach der Tat zu betrachten: Mikel Otegi bediente sich des Funkgerätes im Polizeiauto und sagte, ‚Ich hab zwei Bullen umgelegt, für die Politik, die ihr macht‘. Das heißt, dass der Angeklagte selbst spontan zugab, dass ihn die ‚Politik‘ der baskischen Polizei zu der Tat veranlasst hat. Was die Frage nach dem Zweck der Tat anbelangt, darf nicht vergessen werden, dass Mikel Otegi Mitglied der Jarrai oder der Gestoras pro Amnistía war, was bereits vor dem 10. Dezember 1995 bekannt war. Die Zugehörigkeit Otegis zu den Satellitenorganisationen der ETA ist bewiesen, und zwar nicht nur durch seine eigenen Aussagen im Zuge der Voruntersuchung, wo er zu keinem Zeitpunkt seine Zugehörigkeit zur Jarrai leugnete, sondern auch, wie dem Bericht der Guardia Civil zu entnehmen ist, durch seine Teilnahme an Veranstaltungen dieser Organisationen. Somit ist die Ermordung der beiden baskischen Polizisten nicht als gewöhnliche Straftat, sondern als Terrorakt einzustufen.“

So weit die auszugsweise wiedergegebenen Ausführungen der Staatsanwaltschaft.

Das Erstgericht räumt der Verteidigung für eine allfällige Stellungnahme zu dem vierzehnseitigen Antrag der Staatsanwaltschaft und dem zwanzigseitigen Bericht der Guardia Civil eine Frist von zwei Tagen ein, die auf Antrag der Verteidigung auf sieben Tage verlängert wird.

Die Verteidigung spricht sich mit aller Entschiedenheit gegen den Antrag der Staatsanwaltschaft aus und bringt vor, es sei unrichtig, dass Otegi Mitglied der Jarrai war, ferner, dass es unrichtig sei, dass Otegi dies gesagt habe, dass keinem einzigen Protokoll der Voruntersuchung dies zu entnehmen sei, dass die in dem Bericht der Guardia Civil angeführten Sachverhalte unwahr seien, dass die Behauptung der Staatsanwaltschaft, es handle sich bei dem Geschehen in Wahrheit um einen Terrorakt, jeglicher Grundlage entbehre und dass eine Modifikation der Anklage im gegenwärtigen Verfahrensstand unzulässig sei.

Das Erstgericht gibt jedoch dem Antrag der Staatsanwaltschaft statt, erklärt sich für die Neudurchführung des Verfahrens unzuständig und überweist die Sache an das zentrale Untersuchungsgericht der Audiencia Nacional in Madrid. Dieses Gericht ist für politisch motivierte Delikte zuständig. Etwa Delikte gegen die Krone, organisierte Kriminalität und Terrorismus.

Ein dagegen eingebrachtes Rechtsmittel durch Otegis neuen Verteidiger – Miguel Castells ist inzwischen im Ruhestand – bleibt erfolglos.

Eine Anrufung des Verfassungsgerichtshofs wegen Verletzung des Rechts auf den gesetzlichen Richter ebenfalls.

Am 31. Juli 2012 wird Mikel Otegi von der Audiencia Nacional in Madrid wegen zweifachen Mordes zu 34 Jahren Haft verurteilt.

Vom Vorwurf der Mitgliedschaft in einer terroristischen Vereinigung wird er freigesprochen.

Die Anrufung des Tribunal Supremo bleibt erfolglos.

Sein neuer Verteidiger Iñigo Santxo Uriarte hält mit seiner Empörung nicht hinter dem Berg.

„Bedauerlicherweise hat sich mein Eindruck bestätigt, dass es eine politische Entscheidung war, Mikel Otegi vor die Audiencia Nacional zu stellen, und zwar aus zwei Gründen. Erstens um eine Verurteilung sicherzustellen. Man wollte vermeiden, dass es zu einem neuerlichen Freispruch durch ein Geschworenengericht kommt. Zweitens wollte man damit erreichen, dass Otegi die Strafe in einer für

Der neue Verteidiger Iñigo Santxo Uriarte

den Vollzug der Entscheidungen der Audiencia Nacional vorgesehenen Haftanstalt verbüßen muss. Das Ganze ist ein veritables Paradoxon. Mit der Behauptung, die Tat sei ein Terrorakt gewesen, brachte man die Sache vor die Audiencia Nacional, diese sprach ihn jedoch vom Vorwurf, die Tat sei terroristisch motiviert gewesen, frei und verurteilte ihn wegen ‚gewöhnlichen' zweifachen Mordes. Somit war die Audiencia Nacional gar nicht zuständig."

Dieses Paradoxon führte dazu, dass Otegi, obwohl er gar nicht wegen eines Terroraktes verurteilt wurde, die Strafe in einer speziell für die ETA-Leute vorgesehenen Haftanstalt verbüßen muss. Dies bedeutet, er wird in einer Haftanstalt untergebracht, die möglichst weit von seinem Wohnort entfernt ist.

In Spanien gibt es 45 Haftanstalten, die über das ganze Land verstreut sind, damit die Häftlinge möglichst nahe bei ihren Familien untergebracht werden können, da dies bekanntermaßen positive Auswirkungen auf die angestrebte Resozialisierung hat. So heißt es im Gesetz: *Es ist dafür zu sorgen, dass es in jeder Region genügend Haftanstalten gibt, damit den Notwendigkeiten in den Haftanstalten entsprochen werden kann und eine Entwurzelung der Häftlinge vermieden wird.*

Für die ETA-Häftlinge gilt das Gegenteil. Sie sollen zum Zwecke einer sozialen Entwurzelung in einer Haftanstalt untergebracht werden, die sich möglichst weit entfernt von ihrem Wohnort befindet.

Mikel Otegi befindet sich im Centro Penitenciario de Valdemoro in der Nähe von Madrid, 460 Kilometer von Itsasondo entfernt.

OBJETO DEL VEREDICTO

A) DIE WESENTLICHEN SACHVERHALTE DER ANKLAGE

1) Nachteiliger Sachverhalt: Don Mikel Mirena Otegi Unanue schoss am 10. Dezember 1995, etwa um 10.30 Uhr, in dem Gehöft Oteizábal mit einem Jagdgewehr Kaliber 12 in der Absicht zu töten auf Don Ignacio Jesús Mendiluce Echeberría, traf ihn im Bereich des rechten Schlüsselbeins und verursachte den unmittelbar darauf eintretenden Tod.
Erwiesen / **Nicht erwiesen** (mehrheitlich)

2) Nachteiliger Sachverhalt: Don Mikel Mirena Otegi Unanue schoss am selben Tag und zur gleichen Zeit und am selben Ort, mit derselben Waffe in der Absicht zu töten auf José Luis Gonzáles Villanueva, traf ihn im Bereich des linken Schulterblatts und verursachte den unmittelbar darauf eintretenden Tod.
Erwiesen / **Nicht erwiesen** (mehrheitlich)

3) Nachteiliger Sachverhalt: Don Mikel Mirena Otegi Unanue schoss auf Don Ignacio Jesús Mendiluce Echeberría, ohne dass dem eine Provokation durch den Letzteren vorausging.
Erwiesen / **Nicht erwiesen** (mehrheitlich)

4) Nachteiliger Sachverhalt: Don Mikel Mirena Otegi Unanue schoss auf José Luis Gonzáles Villanueva, ohne dass dem eine Provokation durch den Letzteren vorausging.
Erwiesen / **Nicht erwiesen** (mehrheitlich)

5) Nachteiliger Sachverhalt: Don Mikel Mirena Otegi Unanue schoss auf Don Ignacio Jesús Mendiluce Echeberría aus einer Distanz von etwa 1,5 Meter.
Erwiesen / Nicht erwiesen (mehrheitlich)

6) Nachteiliger Sachverhalt: Don Mikel Mirena Otegi Unanue schoss auf José Luis Gonzáles Villanueva aus einer Distanz von etwa 2,5 Meter.
Erwiesen / Nicht erwiesen (mehrheitlich)

7) Nachteiliger Sachverhalt: Don Mikel Mirena Otegi Unanue schoss auf Don Ignacio Jesús Mendiluce Echeberría plötzlich und unerwartet.
Erwiesen / **Nicht erwiesen** (mehrheitlich)

8) Nachteiliger Sachverhalt: Don Mikel Mirena Otegi Unanue schoss auf Don Ignacio Jesús Mendiluce Echeberría, ohne dass dieser die Möglichkeit hatte, sich zu verteidigen.
Erwiesen / **Nicht erwiesen** (mehrheitlich)

9) Nachteiliger Sachverhalt: Don Mikel Mirena Otegi Unanue schoss auf José Luis Gonzáles Villanueva, als dieser ihm den Rücken zukehrte.
Erwiesen / **Nicht erwiesen** (mehrheitlich)

10) Nachteiliger Sachverhalt: Don Mikel Mirena Otegi Unanue schoss auf José Luis Gonzáles Villanueva plötzlich und unerwartet.
Erwiesen / **Nicht erwiesen** (mehrheitlich)

11) Nachteiliger Sachverhalt: Don Mikel Mirena Otegi Unanue schoss auf José Luis Gonzáles Villanueva, ohne dass dieser die Möglichkeit hatte, sich zu wehren.
Erwiesen / **Nicht erwiesen** (mehrheitlich)

12) Nachteiliger Sachverhalt: In dem Moment des tödlichen Schusses trug Don Ignacio Jesús Mendiluce Echeberría die vorschriftsmäßige Uniform und befand sich in Ausübung seines Dienstes.
Erwiesen / Nicht erwiesen (mehrheitlich)

13) Nachteiliger Sachverhalt: In dem Moment des tödlichen Schusses trug José Luis Gonzáles Villanueva die vorschriftsmäßige Uniform und befand sich in Ausübung seines Dienstes.
Erwiesen / Nicht erwiesen (mehrheitlich)

14) Nachteiliger Sachverhalt: Als Don Mikel Mirena Otegi Unanue den Schuss gegen Don Ignacio Jesús Mendiluce Echeberría abgab, war ihm bewusst, dass er auf einen baskischen Polizisten schoss.
Erwiesen / **Nicht erwiesen** (mehrheitlich)

15) Nachteiliger Sachverhalt: Als Don Mikel Mirena Otegi Unanue den Schuss gegen José Luis Gonzáles Villanueva abgab, war ihm bewusst, dass er auf einen baskischen Polizisten schoss.
Erwiesen / **Nicht erwiesen** (mehrheitlich)

16) Nachteiliger Sachverhalt: Don Mikel Mirena Otegi Unanue war zum Zeitpunkt der ihm zur Last gelegten Tat älter

als 18 Jahre.
Erwiesen / Nicht erwiesen (mehrheitlich)

17) Nachteiliger Sachverhalt: Don José Gonzáles Villanueva war verheiratet mit Doña Maria Garcia Estepa, die zum Zeitpunkt des Todes ihres Gatten schwanger war und am 22. Februar 1996 Naia zur Welt brachte.
Erwiesen / Nicht erwiesen (mehrheitlich)

18) Nachteiliger Sachverhalt: Don Ignacio Jesús Mendiluce Echeberría war unverheiratet und hinterlässt seine Eltern Don Francisco Mediluce und Doña Severina Echeberria.
Erwiesen / Nicht erwiesen (mehrheitlich)

19) Nachteiliger Sachverhalt: Die baskischen Polizisten Don José Gonzáles Villanueva und Don Ignacio Jesús Mendiluce Echeberría hätten 1995 ein jährliches Gehalt von 3.443.482 Pesetas beziehungsweise 3.567.261 Pesetas bezogen.
Erwiesen / Nicht erwiesen (mehrheitlich)

B) SACHVERHALTE DER VERTEIDIGUNG

20) Vorteilhafter Sachverhalt: Am Abend des 19. Dezember 1995 besuchte Don Mikel Mirena Otegi Unanue diverse Gaststätten in Ordizia und Itsasondo, wo er eine unbestimmte Menge von alkoholischen Getränken zu sich nahm.
Erwiesen / Nicht erwiesen (einstimmig)

21) Vorteilhafter Sachverhalt: In der Nacht vom 9. auf den 10. Dezember 1995 besuchte Don Mikel Mirena Otegi Unanue

ein Rockkonzert in Itsasondo sowie diverse Bars in demselben Ort, wo er eine große Menge von Bier zu sich nahm.
Erwiesen / Nicht erwiesen (einstimmig)

22) Vorteilhafter Sachverhalt: Am 10. Dezember 1995, zwischen 8 und 10 Uhr, betrat Don Mikel Mirena Otegi Unanue in Begleitung seiner Nichte Doña Ana Carmen die Bar „Ibarre" in Itsasondo.
Erwiesen / Nicht erwiesen (einstimmig)

23) Vorteilhafter Sachverhalt: Am 10. Dezember 1995, etwa um 10.15 Uhr, hatte Don Mikel Mirena Otegi Unanue in der Bar „Ibarre" in Itsasondo eine Auseinandersetzung mit einem Polizisten, Dienstnummer 10239, der sich außer Dienst befand und keine Uniform trug, von dem er jedoch wusste, dass er Polizist war.
Erwiesen / Nicht erwiesen (einstimmig)

24) Vorteilhafter Sachverhalt: Es gab keine vorausgehende Provokation und somit keinen erkennbaren Grund für die Auseinandersetzung in der Bar „Ibarre" zwischen Don Mikel Mirena Otegi Unanue und dem Polizisten, Dienstnummer 10239.
Erwiesen / Nicht erwiesen (einstimmig)

25) Vorteilhafter Sachverhalt: Don Mikel Mirena Otegi Unanue hatte eine Auseinandersetzung mit einem Polizisten, Dienstnummer 10239, und agierte in der Weise, dass zu erkennen war, dass er sich selbst absolut nicht unter Kontrolle hatte.
Erwiesen / Nicht erwiesen (einstimmig)

26) Vorteilhafter Sachverhalt: Wegen der mangelnden Kontrolle über sich selbst fing Don Mikel Mirena Otegi Unanue dann auch noch einen Streit mit seiner Nichte Doña Ana Carmen, die ihn begleitete, an.
Erwiesen / Nicht erwiesen (einstimmig)

27) Vorteilhafter Sachverhalt: Am 10. Dezember 1995, nach 10.15 Uhr, brachte Don Mikel Mirena Otegi Unanue seine Nichte Doña Ana Carmen mit seinem Renault 11 SS-2958-X zu ihrem Wohnsitz in Ordizia, wobei er mit überhöhter Geschwindigkeit und auffällig vorschriftswidrig fuhr.
Erwiesen / Nicht erwiesen (einstimmig)

28) Vorteilhafter Sachverhalt: Angesichts des Zustandes, in dem sich Don Mikel Mirena Otegi Unanue befand, bestand seine Nichte Doña Ana Carmen darauf, selbst das Auto zu lenken, was er ihr verweigerte, worauf ein Streit entstand und sie ausstieg und zu Fuß ging.
Erwiesen / Nicht erwiesen (einstimmig)

29) Vorteilhafter Sachverhalt: In der Folge begab sich Don Mikel Mirena Otegi Unanue zu seinem Wohnsitz, dem Gehöft Oteizabal.
Erwiesen / Nicht erwiesen (einstimmig)

30) Vorteilhafter Sachverhalt: Unmittelbar nachdem er am Gehöft angekommen war, ging Don Mikel Mirena Otegi Unanue zu Bett.
Erwiesen / Nicht erwiesen (einstimmig)

31) Vorteilhafter Sachverhalt: Die Polizisten Don José Luis Gonzáles Villanueva, Dienstnummer 10306, und Don Ignacio Jesús Mendiluce Echeberría, Dienstnummer 13326, die Uniform und Dienstpistole trugen, beobachteten das vorschriftswidrige Lenken des Fahrzeuges SS-2958-X, weshalb sie dem Fahrzeug folgten, um die entsprechenden Amtshandlungen durchzuführen.
Erwiesen / Nicht erwiesen (einstimmig)

32) Vorteilhafter Sachverhalt: In dem Gehöft Oteizabal haben Hunde gebellt, wenn jemand gekommen ist.
Erwiesen / Nicht erwiesen (einstimmig)

33) Vorteilhafter Sachverhalt: Bereits über einen langen Zeitraum ist Don Mikel Mirena Otegi Unanue jedes Mal, wenn die Hunde bellen, überzeugt, dass die Polizei gekommen ist, um ihn festzunehmen oder zu observieren, und er steht aus dem Bett auf und geht hinaus, um zu sehen, was los ist.
Erwiesen / Nicht erwiesen (einstimmig)

34) Vorteilhafter Sachverhalt: Nachdem die Polizisten Don José Luis Gonzáles Villanueva und Don Ignacio Jesús Mendiluce Echeberría beim Gehöft Oteizabal angekommen waren, wendeten sie ihr Fahrzeug, parkten in einem gewissen Abstand vor dem Eingang zu dem Gehöft und stiegen aus dem Fahrzeug aus.
Erwiesen / Nicht erwiesen (einstimmig)

35) Vorteilhafter Sachverhalt: Kaum hatte sich das Polizeifahrzeug dem Gehöft genähert, begannen die Hunde zu bellen, was Don Mikel Mirena Otegi Unanue alarmierte, sodass

er in das darüber liegende Stockwerk ging und von dort aus die Polizisten sah.

Erwiesen / Nicht erwiesen (einstimmig)

36) Vorteilhafter Sachverhalt: Als Don Mikel Mirena Otegi Unanue die Polizisten gesehen hatte, ging er zur Haustür hinaus.

Erwiesen / Nicht erwiesen (einstimmig)

37) Vorteilhafter Sachverhalt: Als Don Mikel Mirena Otegi Unanue zur Haustür hinausging, war er barfuß und in der Unterhose.

Erwiesen / Nicht erwiesen (einstimmig)

38) Vorteilhafter Sachverhalt: Als Don Mikel Mirena Otegi Unanue zur Haustür hinausgegangen war, begann eine Auseinandersetzung zwischen ihm und den Polizisten.

Erwiesen / Nicht erwiesen (einstimmig)

39) Vorteilhafter Sachverhalt: Diese Auseinandersetzung fand in einem lautstarken und heftigen Ton statt.

Erwiesen / Nicht erwiesen (einstimmig)

40) Vorteilhafter Sachverhalt: Im Zuge dieser Auseinandersetzung zeigte ein Polizist eine Pistole.

Erwiesen / Nicht erwiesen (einstimmig)

41) Vorteilhafter Sachverhalt: Das Zeigen dieser Pistole erschreckte Don Mikel Mirena Otegi Unanue.

Erwiesen / Nicht erwiesen (einstimmig)

42) Vorteilhafter Sachverhalt: Das Zeigen dieser Pistole löste in Don Mikel Mirena Otegi Unanue Angst aus.
Erwiesen / Nicht erwiesen (einstimmig)

43) Vorteilhafter Sachverhalt: Wegen des Erschreckens beziehungsweise wegen des hinzukommenden Angstgefühls flüchtete Don Mikel Mirena Otegi Unanue.
Erwiesen / Nicht erwiesen (einstimmig)

44) Vorteilhafter Sachverhalt: Don Mikel Mirena Otegi Unanue flüchtete durch die Scheune und dann über die Stiege, die zum Untergeschoss des Gehöftes führte.
Erwiesen / Nicht erwiesen (einstimmig)

45) Vorteilhafter Sachverhalt: Als Don Mikel Mirena Otegi Unanue die Stiege hinunterlief, sah er sein halbautomatisches Jagdgewehr, Marke Benelli, Modell SL-121, Kaliber 12/70, Fabrikationsnummer G-36507, für das er einen Waffenschein besaß, auf dem Treppenabsatz zwischen Schrank und Wand stehen.
Erwiesen / Nicht erwiesen (einstimmig)

46) Vorteilhafter Sachverhalt: Don Mikel Mirena Otegi Unanue machte eine Kehrtwendung zu dem Treppenabsatz, nahm das Jagdgewehr, lud es mit drei Patronen der Munition „semimetálica", Marke UEE, Typ RIO 100, Kaliber 12 und lief hinaus.
Erwiesen / Nicht erwiesen (einstimmig)

47) Vorteilhafter Sachverhalt: Als Don Mikel Mirena Otegi Unanue mit dem geladenen Jagdgewehr vor die Tür trat,

wurde er von den Polizisten gesehen.

Erwiesen / Nicht erwiesen (einstimmig)

48) Vorteilhafter Sachverhalt: Vor der Tür setzte sich die Auseinandersetzung mit den Polizisten fort, wobei Don Mikel Mirena Otegi Unanue das geladene Jagdgewehr bei sich trug.

Erwiesen / Nicht erwiesen (einstimmig)

49) Vorteilhafter Sachverhalt: Im Zuge dieser Auseinandersetzung zielte der Polizist Don José Luis Gonzáles Villanueva mit seiner Waffe auf Don Mikel Mirena Otegi Unanue.

Erwiesen / Nicht erwiesen (mehrheitlich)

50) Vorteilhafter Sachverhalt: Im Zuge der Auseinandersetzung fühlte sich Don Mikel Mirena Otegi Unanue von der Waffe des Polizisten bedroht.

Erwiesen / Nicht erwiesen (mehrheitlich)

51) Vorteilhafter Sachverhalt: Daraufhin verlor Don Mikel Mirena Otegi Unanue vollkommen die Kontrolle über seine Handlungen.

Erwiesen / Nicht erwiesen (mehrheitlich)

52) Vorteilhafter Sachverhalt (Nur in dem Fall, dass der Sachverhalt 51 nicht als erwiesen angenommen wird): Daraufhin verlor Don Mikel Mirena Otegi Unanue teilweise die Kontrolle über seine Handlungen.

Erwiesen / Nicht erwiesen

53) Vorteilhafter Sachverhalt: In dieser Situation schoss Don Mikel Mirena Otegi Unanue mit seinem Jagdgewehr.
Erwiesen / Nicht erwiesen (einstimmig)

54) Vorteilhafter Sachverhalt: Don Mikel Mirena Otegi Unanue gab die Schüsse ab, ohne töten zu wollen.
Erwiesen / Nicht erwiesen (mehrheitlich)

55) Vorteilhafter Sachverhalt: Don Mikel Mirena Otegi Unanue gab die Schüsse ab, ohne dass ihm bewusst war zu töten.
Erwiesen / Nicht erwiesen (mehrheitlich)

56) Vorteilhafter Sachverhalt: Don Mikel Mirena Otegi Unanue wurde von den beiden Polizisten gesehen, als er zielte und schoss.
Erwiesen / Nicht erwiesen (einstimmig)

57) Vorteilhafter Sachverhalt: Don Mikel Mirena Otegi Unanue verschoss nicht die dritte Patrone, die er in seinem Jagdgewehr hatte.
Erwiesen / Nicht erwiesen (einstimmig)

58) Vorteilhafter Sachverhalt: Nachdem Don Mikel Mirena Otegi Unanue die Schüsse abgegeben hatte, stieg er ins Polizeiauto und benützte das Funkgerät.
Erwiesen / Nicht erwiesen (einstimmig)

59) Vorteilhafter Sachverhalt: Don Mikel Mirena Otegi Unanue sagte ins Funkgerät „Batasun, Batasun an 1035", in dem Glauben, dass dies die Kennung war, „Ich habe zwei Bullen erschossen".
Erwiesen / Nicht erwiesen (mehrheitlich)

60) Vorteilhafter Sachverhalt: Einer der Brüder von Don Mikel Mirena Otegi Unanue rief die Polizei an, erzählte, was passiert ist und dass sein Bruder betrunken war.
Erwiesen / Nicht erwiesen (einstimmig)

61) Vorteilhafter Sachverhalt: Dieser Anruf erfolgte im Auftrag von Don Mikel Mirena Otegi Unanue.
Erwiesen / Nicht erwiesen (einstimmig)

62) Vorteilhafter Sachverhalt: Nach diesem Telefonanruf sagte Don Mikel Mirena Otegi Unanue zu seiner Mutter und seinen Brüdern, dass er wisse, dass er ins Gefängnis gehen müsse für das, was er getan habe.
Erwiesen / Nicht erwiesen (einstimmig)

63) Vorteilhafter Sachverhalt: Nachdem Don Mikel Mirena Otegi Unanue wieder die Kontrolle über sich erlangt hatte, bedauerte er, was er getan hatte.
Erwiesen / Nicht erwiesen (einstimmig)

64) Vorteilhafter Sachverhalt: Bis zum Eintreffen der Polizei blieb Don Mikel Mirena Otegi Unanue in dem Gehöft, ohne zu fliehen, obwohl er dies hätte tun können.
Erwiesen / Nicht erwiesen (einstimmig)

65) Vorteilhafter Sachverhalt: Don Mikel Mirena Otegi Unanue sagte auf Baskisch „Zwei Hurensöhne weniger", während er gleichzeitig eine abwertende Geste machte.
Erwiesen / Nicht erwiesen (einstimmig)

66) Vorteilhafter Sachverhalt (im Falle, dass Sachverhalt 65 als erwiesen angesehen wird): Die Bemerkung „Zwei Hurensöhne weniger" und die abwertende Geste bezogen sich auf zwei Personen, die gerade weggefahren waren und durch die sich Don Mikel Mirena Otegi Unanue beleidigt fühlte, und nicht auf die toten Polizisten.
Erwiesen / Nicht erwiesen (mehrheitlich)

67) Vorteilhafter Sachverhalt: Don Mikel Mirena Otegi Unanue ließ sich freiwillig von der Polizei festnehmen, ohne irgendeinen Widerstand zu leisten und ohne ein Wort zu sagen.
Erwiesen / Nicht erwiesen (mehrheitlich)

68) Vorteilhafter Sachverhalt: Neben der Leiche von Don José Luis González Villanueva befand sich auf dem Boden, außerhalb des Futterals, die Dienstpistole.
Erwiesen / Nicht erwiesen (einstimmig)

C) SACHVERHALTE, DIE ZUM AUSSCHLUSS DER VERANTWORTLICHKEIT FÜHREN

69) Vorteilhafter Sachverhalt: Don Mikel Mirena Otegi Unanue neigt dazu, sich belästigt und verfolgt zu fühlen.
Erwiesen / Nicht erwiesen (einstimmig)

70) Vorteilhafter Sachverhalt: Bei Don Mikel Mirena Otegi Unanue besteht eine gewisse pathologische Veranlagung und unterschwellige psychische Störung, die dazu führt, dass das Gefühl der Belästigung und Verfolgung durch die Polizei für

ihn unerträglich wurde.
Erwiesen / Nicht erwiesen (einstimmig)

71) Vorteilhafter Sachverhalt: Am 18. Mai 1991 ereignete sich in der Bar „Hegoa" in Ordizia ein Zwischenfall mit der Polizei, im Zuge dessen Don Mikel Mirena Otegi Unanue von einem Polizisten geschlagen wurde, was zu einem gerichtlichen Verfahren führte.
Erwiesen / Nicht erwiesen (einstimmig)

72) Vorteilhafter Sachverhalt: Don Mikel Mirena Otegi Unanue erstattete Anzeige gegen Polizeibeamte in Zusammenhang mit den Verletzungen, die er bei einer Festnahme am 1. Jänner 1995 erlitten hatte, das Verfahren wurde jedoch von der Audiencia Nacional eingestellt.
Erwiesen / Nicht erwiesen (einstimmig)

73) Vorteilhafter Sachverhalt: Don Mikel Mirena Otegi Unanue wurde von Polizeibeamten des Kommissariates Ordizia zu einem nicht mehr feststellbaren Zeitpunkt, jedenfalls aber vor dem 10. Dezember 1995, einem Alkoholtest unterzogen, und zwar nachdem er einen Verkehrsunfall erlitten hatte, bei dem er in den Straßengraben gefahren war.
Erwiesen / Nicht erwiesen (einstimmig)

74) Vorteilhafter Sachverhalt: Don Mikel Mirena Otegi Unanue hatte vor dem 10. Dezember 1995 noch mehr Vorfälle mit Polizeibeamten.
Erwiesen / Nicht erwiesen (einstimmig)

75) Vorteilhafter Sachverhalt: Vor dem 10. Dezember 1995 standen häufig Polizeiautos vor dem Eingang zum Gehöft Oteizabal.
Erwiesen / Nicht erwiesen (einstimmig)

76) Vorteilhafter Sachverhalt: Don Mikel Mirena Otegi Unanue konsumierte vom 9. bis zum 10. Dezember 1995 eine große Menge von alkoholischen Getränken, was zum Zustand der Betrunkenheit führte.
Erwiesen / Nicht erwiesen (einstimmig)

77) Vorteilhafter Sachverhalt: Die Sachverhalte 69 bis 76 ergeben, dass Don Mikel Mirena Otegi Unanue im Moment, als er die Schüsse abgab, nicht Herr seiner Handlungen war.
Erwiesen / Nicht erwiesen (mehrheitlich)

D) SACHVERHALTE, DIE ZUR VERMINDERUNG DER VERANTWORTLICHKEIT FÜHREN

Die Fragen 78, 79 und 80 sind nur zu beantworten für den Fall, dass der Sachverhalt 77 als nicht erwiesen angesehen wird.

78) Vorteilhafter Sachverhalt: Die in 69 bis 76 dargestellten Sachverhalte führen dazu, dass Don Mikel Mirena Otegi Unanue zum Zeitpunkt, als er die Schüsse abgab, nicht zur Gänze Herr seiner Handlungen war.
Erwiesen / Nicht erwiesen

79) Vorteilhafter Sachverhalt: Als Don Mikel Mirena Otegi Unanue die Tat beging, konnte er teilweise seine Impulse kontrollieren.
Erwiesen / Nicht erwiesen

80) Vorteilhafter Sachverhalt: Die Verantwortlichkeit des Don Mikel Mirena Otegi Unanue war aufgrund einer gewissen Schwierigkeit, seine aggressiven Impulse zu unterdrücken, leicht eingeschränkt, jedoch nicht ausgeschlossen.
Erwiesen / Nicht erwiesen

81) Nachteiliger Sachverhalt: Nach der Tat sagte Don Mikel Mirena Otegi Unanue auf Baskisch „Zwei Hurensöhne weniger" und bezog sich dabei auf die toten Polizisten.
Erwiesen / **Nicht erwiesen** (mehrheitlich)

82) Nachteiliger Sachverhalt: Nach der Tat machte Don Mikel Mirena Otegi Unanue die Bewegung eines Fußtritts in Richtung der toten Polizisten, ohne sie jedoch mit dem Fuß zu erreichen.
Erwiesen / **Nicht erwiesen** (mehrheitlich)

83) Nachteiliger Sachverhalt: Nach der Tat sagte Don Mikel Mirena Otegi Unanue über Polizeifunk: „Ein Dorfbewohner hat zwei Bullen erschossen, wegen der Politik, die ihr verfolgt."
Erwiesen / **Nicht erwiesen** (mehrheitlich)

84) Nachteiliger Sachverhalt: Don Mikel Mirena Otegi Unanue sagte bei seiner Festnahme: „Das haben sie verdient, diese Scheißbullen."

Erwiesen / **Nicht erwiesen** (mehrheitlich)

85) Nachteiliger Sachverhalt: Don Mikel Mirena Otegi Unanue sagte bei seiner Festnahme zu den Polizeibeamten: „Ich habe sie gratis umgebracht, nicht so wie ihr, die ihr dafür Gehalt bekommt."
Erwiesen / **Nicht erwiesen** (mehrheitlich)

86) Nachteiliger Sachverhalt: Don Mikel Mirena Otegi Unanue machte in dem Polizeikommissariat, in das er gebracht wurde, keine Aussage.
Erwiesen / Nicht erwiesen (einstimmig)

87) Vorteilhafter Sachverhalt: Don Mikel Mirena Otegi Unanue legte im Polizeikommissariat keine Aussage ab, weil man ihm gesagt hatte, er müsse dies nicht, er könne dies auch bei Gericht tun.
Erwiesen / Nicht erwiesen (einstimmig)

88) Nachteiliger Sachverhalt: Die Version von Don Mikel Mirena Otegi Unanue ist teilweise unwahr und stellt Schutzbehauptungen dar.
Erwiesen / **Nicht erwiesen** (mehrheitlich)

89) Vorteilhafter Sachverhalt: Vom Tatort aus versuchte Don Mikel Mirena Otegi Unanue über das Funkgerät, der Polizei seine Tat zu gestehen, jedenfalls tat er dies aber über seinen Bruder, der auf seinen Auftrag hin die Polizei anrief und erzählte, was passiert war, ohne dass dies die Polizei schon gewusst hatte.
Erwiesen / Nicht erwiesen (einstimmig)

90) Vorteilhafter Sachverhalt: Das oben Beschriebene erleichterte die Arbeit der Polizei.
Erwiesen / Nicht erwiesen (einstimmig)

91) Vorteilhafter Sachverhalt: Don Mikel Mirena Otegi Unanue bereut seine Handlungen.
Erwiesen / Nicht erwiesen (einstimmig)

E) STRAFBARE SACHVERHALTE, FÜR WELCHE DER ANGEKLAGTE FÜR SCHULDIG OBER NICHT SCHULDIG ZU DEKLARIEREN IST

92) Don Mikel Mirena Otegi Unanue tötete absichtlich den Polizisten Don José Luis González Villanueva, der Dienstuniform trug und sich in Ausübung des Dienstes befand, indem er plötzlich und unerwartet auf ihn schoss, ohne dass dieser die Möglichkeit hatte, sich zu verteidigen.
Schuldig / **Nicht schuldig** (mehrheitlich)

93) **Für den Fall, dass der Angeklagte für den oben dargestellten Sachverhalt als nicht schuldig deklariert wird:** Don Mikel Mirena Otegi Unanue tötete absichtlich den Polizisten Don José Luis González Villanueva, der Dienstuniform trug und sich in Ausübung des Dienstes befand, indem er mit dem Jagdgewehr auf ihn schoss und sich dabei den Vorteil zunutze machte, welcher ihm das Jagdgewehr bot.
Schuldig / **Nicht schuldig** (mehrheitlich)

94) Don Mikel Mirena Otegi Unanue tötete absichtlich den Polizisten Don Ignacio Jesús Mendilice Echeberría, welcher Dienstuniform trug und sich in Ausübung des Dienstes befand, indem er plötzlich und unerwartet auf ihn schoss, ohne dass dieser die Möglichkeit hatte, sich zu verteidigen.
Schuldig / **Nicht schuldig** (mehrheitlich)

95) **Für den Fall, dass der Angeklagte für den oben dargestellten Sachverhalt als nicht schuldig deklariert wird:** Don Mikel Mirena Otegi Unanue tötete absichtlich den Polizisten Don Ignacio Jesús Mendilice Echeberría, der Dienstuniform trug und sich in Ausübung des Dienstes befand, indem er mit dem Jagdgewehr auf ihn schoss und sich dabei den Vorteil zunutze machte, welcher ihm das Jagdgewehr bot.
Schuldig / **Nicht schuldig** (mehrheitlich)

Literaturliste

- Greg Taylor, Jury Trials in Austria, New Criminal Law Review, Spring 2011
- Vidmer (Hrsg) , World Jury Systems (2000)
- Moos, Die Begründung der Geschworenengerichtsurteile, JBl 2010
- Mühlbacher, Geschworenengerichte – unbegründete Sorge, ALJ 2/2015, 268-276
- Hohenecker, JBl 1846, 450.
- Graßberger, JBl 1946, 499
- Chassaing, L `appel des arrêts des cours d`assises: Le poids de l`histoire in La Cour d`Assises, Bilan d`un heritage démocratique, Paris 2001.
- Manuela Cadelli, Les traits caracteristiques de la cour d`assises en Belgique, Les Cahiers de la Justice 2012/1
- Colomer, Comentarios a la Ley del Jurado, Editorial Aranzini, 1999
- Enrique Bacigalupo, Cuestiones actuales del Jurado, Dykinson 2004
- Juan Pavía Cardell, Responsabilidad penal en el ejercicio de la funciòn pública de jurado, Editorial Comares, 2004
- Alberto Jorge Barreiro, Juicio por Jurado, Dykinson, 2004
- José Antonio Pallin, La Ley del Jurado en su X Aniversario, Editorial Aranzini, 2006
- José Cano Barrero, La Ley del Jurado. Jurisprudencia Comentada, Editorial Aranzini, 2007
- Eva Forest, Conversaciones con Miguel Castells, Argitaletxe HIRU, S. L. 1997

Endnoten

1 *Name geändert.*

2 *Sämtliche Namen wurden zum Schutz der Personen geändert.*

3 *Vgl Moos, Die Reform der Hauptverhandlung, ÖJZ 2003, 369 (379); Burgstaller, Argumente für die Geschworenengerichtsbarkeit, JBl 2006, 69 (74).*

4 *Etwa die Statements von Soyer und Mayer sowie die Beschlüsse beim Österr StrafverteidigerInnentag 2003 in Soyer (Hrsg), Strafverteidigung – Realität und Vision (Wien-Graz 2003) 87, 105 und 118. Ebenso aber auch Bertel/Venier, Strafprozessrecht8 Rz 96.*

5 *Richterzeitung 2007, 30 (32).*

6 *Gómez Colomer, Aplicación práctica de la Ley del Jurado, in Comentarios a la Ley del Jurado, Gómez Colomer y Montero Aroca (Ed) Aranzadi Editorial (2001) 1159 (1174). Meine Anfrage beim Consejo General del Poder Judicial in Madrid hat ergeben, dass keine neueren Daten über die Zahl der Urteile, die wegen mangelhafter Begründung aufgehoben wurden, vorliegen.*

7 *„fallo" heißt sowohl Urteil als auch Irrtum.*

Bildquellennachweise

Titelbild:
Seite 80: EFE
Seite 86 und 98: El Pais, SL/Julian Rojas
Seite 109, 113 und 120: Arcadio Suárez/Canarias7
Seite 125: La Provincia Diario de Las Palmas
Seite 156: Juan Carlos Ruiz
Seite 170: AFP

Printed in Great Britain
by Amazon